JN070869

行政はあなたの命を守れない

○○が訴える「事前避難」の重要性

田中德雲

はじめに

　住民の命と財産を守ることは、言うまでもなく国や地方自治体に与えられた最重要な課題の一つである。平成19（2007）年から平成27年まで熊本県人吉市長という職務に就いていた私にとって、市の中央を縦断する日本三大急流・球磨川の治山治水は何を置いても取り組まねばならない課題であった。

　球磨川は戦後だけでも14回も氾濫し、そのたびに死傷者や行方不明者、家屋流失などの災害が流域を襲ってきた。人吉に生まれ育った私も何度も球磨川の恐ろしさを、身を持って経験してきた沿岸住民の一人である。一方で、球磨川が沿岸にもたらす恩恵も計り知れないほど大きい。球磨川を愛し、誇りとする住民の思いに応える治山治水。市長としていろいろな課題に取り組んできたが、球磨川流域に暮らす住民一人一人が、常に考えていなければならない課題である。

　私は市長を退いた後、平成29年4月に熊本大学大学院社会文化科学研究科修士課程に入学。政治思想史が専門の伊藤洋典教授をはじめ、法学、文系の先生がた、自治法が専門の現・中央大学専門職大学院原島良成教授の指導を受け、「水害並びに降雨による土砂災害から住民を守るための研究」をテーマに、自らの経験を基に球磨川を中心に全国の水害による土砂災害・防災・復興の実態、さらにその先進研究などを学び、修士論文を書き上げて、平成31年に修了した。

　そして令和2（2020）年7月4日、運命の「熊本豪雨（令

和2年7月豪雨）」が発生した。人吉市で死者20名、家屋の全壊864棟、半壊1,379棟、床上浸水1,532棟、床下浸水670棟（令和2年9月3日熊本県発表）という市内全戸数13,543戸（平成27年国勢調査）の約33％に当たるこれまでにない大災害となり、球磨川の支流である山田川のそばにある、私が社長を務める葬儀社香花堂の社屋も水深3mの濁流に浸かった。

　災害から3年4カ月余りがたった今、人吉市はこの大災害からの復興の途上にある。球磨川の恩恵を受けながら発展してきた人吉の街にとって、その治山治水はこれからの街づくりの根本的な問題であり、最重要テーマでもある。これまでにない洪水を経験して、暴れ川・球磨川をどう治め、その恵みを最大限生かすか。その思いはさらに強くなった。

　執筆の動機は球磨川の洪水を経験し、改めて豪雨で頻発する河川氾濫、土砂災害、土石流災害、堤防決壊等から人命と財産を守ることは不可能なのかという自問からである。台風や前線などによる豪雨や線状降水帯が引き起こす大洪水、バックビルディング現象（積乱雲が連続して発生し、風下で雨が激しく降り続ける現象）などがもたらす異常降雨から人命と財産を守ることは決して容易ではない。しかし、国や自治体には、これまでの災害を教訓に、従来の対策にも増して、防災の向上を図る責務がある。

　全国で頻発する豪雨災害が懸念されるなか治山治水はどうあるべきなのか、何が原因で人は水害や土砂災害から逃れることができないのか、どのようにしたら自らの命を守るべく住民は避難することができるのか、もし水害や土砂

災害の被害から住民を救いきれない要因が行政にあるとしたら、その要因は何なのか。国や自治体は何をどのように改善をして防いでいかなければならないのか。さらに基礎自治体は国や県に頼るだけでなく、防災や人命の保護にどう取り組むか。課題山積だが、一つ一つ、紐解いていきたい。故郷の川・球磨川の治山治水、行政の在り方などを、基礎自治体の長という経験をまじえながら考え、提案したい。また、現在、地元を賛否二分して揺るがしている球磨川の支流・川辺川の穴あきダム建設問題も当然、深掘りする。

　第1章は「令和2（2020）年7月4日熊本豪雨」の体験を基に球磨川の治水問題を考えたい。「暴れ川・球磨川」の災害の歴史、さらに球磨川の恵みを受けてきた流域の利水を振り返りつつ、「熊本豪雨」の実態を球磨川の支流である山田川を中心に記述する。

　第2章、第3章では人吉市という地方自治体の市長という職務の体験に基づいて、日本と地方自治体の災害防止の在り方を考えてみた。特に首長に考えてもらいたいという願いを込めて、私の思いの丈を記した。

　第4章では、住民一人一人が自分の命を守るために大切な「自主的事前避難」の重要性について記述する。

目　　次

第5章　人吉市における今後の課題

この書を、令和2年7月4日熊本豪雨をはじめ様々な水害で
犠牲になられた方々や被災者に捧げます。

第1章

熊本豪雨から考える球磨川流域治水

（1）「暴れ川」球磨川

① 球磨川水害の歴史

　九州の背骨である九州山地に源を発し、八代海に注ぐ球磨川は流路延長115kmの熊本県一の大河である。流域面積は1,882㎢で、球磨郡のほぼ全域と芦北・八代郡を流域とする。

　球磨郡誌（昭和16（1941）年）には「球磨川はその源泉極めて多く、一名九万川とも称する。うち三つが重要である。①五家荘に発するもの29里（111.8km）②市房山に発するもの27里半（110km）③片尾山に発するもの30里半（122km）」とある。江代村地誌（明治8（1875）年）には「水上山の巌間より31里余」と出てくる。現在では石楠越・水上越付近を水源とした115kmが流路延長として主に採用されている。

　支流も多く、「肥後国誌」（大正5（1916）年）は「九万の谷の水を集めることから〝九万川〟とも呼ぶ」と記すほどで、その数は川辺川、山田川などの76本。さらに数多くの井手なども流れ込む。しかも一帯は年間の降水量が3000mm近い有数の多雨地域で、古くから水害常襲地として記録が残る。

　一方で球磨川の豊富な水は生産性が高く、豊かな土地を育み、相良2万2千石の礎となってきた。流量が豊富な河川では舟運が発達し、米や木材などの運搬をはじめとする物流の、いわば〝幹線〟として地域を支えてきた。また、古代から薩摩、大隅、日向への要衝の地であり、五家荘への入り口、さらに内陸の大名であった相良氏の海外貿易を支える〝川の道〟でもあった。

　球磨川の地形は極めてユニークである。上流域、下流域は標高1000m以上の山地の間にできたⅤ字谷、中流域が東西30km、南北15kmの盆地となっている。盆地内は南部の人吉南縁断層沿いに扇状地が連なり、広々とした沖積平野が広がる。盆地の東端は標高200mほどで西端は100m余り、北側は約100mで南側が150mほど。盆地の南西から北東に向かってなだらかに傾斜する地形となっており、球磨川はその一番低い北縁を東から西へ流れる。

　九州山地などの1000m以上の水源に発した球磨川は標高差800mを一気に流れ下り、人吉盆地に入る。盆地内は標高差約100m、長さ40kmで流れはやや穏やか。人吉盆地を流れ下った球磨川は盆地の西端である人吉市と球磨村の境付近から一変する。標高1000m近い山々の間にできた狭いⅤ字谷を八代まで一気に下る。その距離約52km。標高差は100mほどだが、深く落ち込んだⅤ字谷には多くの支流が流れ込み、日本三大急流と称される激流となる。

　こうした特異な地形は球磨川の氾濫と洪水をたびたび引き起こしてきた。記録に残っているのは室町時代の文明10（1478）年が最初で、明治までの約400年間に記録に残るものだけでも124件、ほぼ3年に1回の割合で起こっている。

以下、被害の大きかったものをピックアップした。

表1-1-1　球磨川で起きた主な水害[1]

発生年月日	被害状況
正保元（1644）年 6月25日	大雨で湯前の多福山・湯前寺のがけ崩れで寺院・民家が埋没し、死者多し
寛文9（1669）年 8月11日	青井阿蘇神社の楼門が3尺余り浸水。人吉大橋、小俣橋が流失し、浸水家屋1432戸、死者11名
正徳2（1712）年 7月7、8日	大雨洪水。水田69町、畠14町5反が流失。減収1,561石。橋15ヵ所流失、流家10軒、土手欠損2,018間、井堰流失5,073間、川除（水はね）5,530間流失、往還通筋800間崩。水ノ手角石水1丈5尺2寸。岩下門石段の下から4段まで浸水。青井社楼門も浸水し、青井馬場は舟で往来。川は大海のごとし
享保14（1729）年 6月9日	球磨川大洪水、溺死者49名、その他諸方の死人は書き申さず。前代未聞の次第。筆段に尽くせざる事に候。8月3、4、19日　大風雨、洪水、球磨川水位8尺余。9月14日　洪水、人吉大橋4間、万江橋柱9本、桁12本流失
宝暦5（1755）年 5月	中旬より雨降り続き6月8日夜より甚だ雷鳴り前代未聞の洪水なり。大手門内並びに城外小路町方舟にて往来し、人を助ける所多し。水田383町、流家201軒、落橋66ヵ所、川除崩10,141間、道崩6,397間、溝土手崩3,346間、落橋66、山野崩12,525箇所、流死54人、増水1丈7尺。芦北郡瀬戸石山崩れ、球磨川に流れ込み、流れを止めしめたため、川波逆巻きて山を包み陸に登るといへる。上流巾10間余、根張り40間余の八代萩原堤900間破損とあり。西遊記（橘南渓）は「此所に迫門石（せといし）という村ありしに、両岸高く岨ち、谷至って深し。洪水甚だしく、山崩れ岸落ち

	人家これがために押し流され流死する者22名、川向こうのせといしの人家も38名程流死す。夫より此地に村里絶たり」と記す。7月1日より是日に至る球磨郡大水、芦北郡の瀬戸石山とが、たちまち崩れて球磨川を堰き止め、川浪さかまきて山を包み陸に至る。
明和2（1765）年5月24日夜から25日朝	増水1丈7尺、城内も水没、曲輪石垣崩壊、飢人450名、損耗111,988石
明治24（1891）年9月	暴風雨により、八代市で溺死者6名、圧死者6名、負傷者多数
大正15（1926）年7月	低気圧性の豪雨で、人吉の大橋筏口で1丈2尺、大橋際では1丈5尺の出水。浸水家屋は人吉で200戸、大村では300戸、流失家屋3戸。川辺川・柳瀬の両井手が全壊
昭和19（1944）年7月	前線による局地的な集中豪雨で、中流部、下流部の出水が大きく、死傷者及び行方不明23人、家屋損壊・流失507戸、床上浸水1,422戸、田畑流失400ha、堤防決壊98カ所、肥薩線不通7日間。前川堰が決壊
昭和29（1954）年8月	台風5号が人吉、宮崎と大分の県境を通過。洪水で死者行方不明6名、家屋流失損壊106戸、床上浸水562戸、耕地流失埋没1,270ha、冠水1,190ha、橋梁損壊14カ所。 9月　台風12号で、球磨郡における死者行方不明28名、家屋の損壊流失174戸
昭和35（1960）年7月	14日からの梅雨前線による大雨で球磨川が増水。球磨川下りの川船が一勝地付近で浸水転覆。乗客9名が死亡、1名が大けがが
昭和38（1963）年8月17日	川辺川流域で集中豪雨。川筋で未曾有の被害。死者行方不明46名、家屋の損壊流失281戸、床上浸水1,185戸、耕地流失及び埋没150ha、冠水1,200ha、橋梁損害86カ所、堤防損害31カ所

昭和39（1964）年8月	台風16号により人吉を中心に大きな出水。死傷者行方不明9名、家屋の損壊流失44戸、床上浸水753戸、橋梁損害30カ所
昭和40（1965）年7月	梅雨後期の停滞前線で集中豪雨。人吉では市街地の3分の2が浸水し、正徳2（1712）年以来、青井阿蘇神社の楼門の基礎石まで浸水。八代では萩原堤が損傷。被害状況は死者6名、家屋損壊流失1,281戸、床上浸水2,751戸
昭和57（1982）年7月25日	球磨川流域で日量300〜400㎜の集中豪雨。人吉、球磨村、坂本村で死者4名、家屋の全半壊47戸、床上・床下浸水5,157戸
令和2（2020）年7月	豪雨。死者・行方不明67名、負傷者46名、家屋全壊1,483戸、半壊2,826戸

　まさに暴れ川・球磨川の歴史は洪水と氾濫の歴史だが、特に戦後は立て続けに大きな洪水が発生している。

[注]

[1] 以下の文献などを参考に作成。

　九州地方建設局「暴れ川」球磨川水害記録集、人吉教育委員会（参考資料：歴代嗣誠独集覧、南藤曼綿録、熊本県災異誌（熊本観候所）、球磨の災害年表「人吉文化」50・51合併号（上村重次）、水上村誌（尾方保之））、前田一洋作製（参考資料：「人吉市史」）、国交省八代河川国道事務所ホームページ

②　球磨川の治水の歴史

　こうした暴れ川・球磨川に流域の人々はどう対処し、その恵みを受けてきたのだろうか。

　「球磨郡誌」は球磨川の治水について「球磨川は其速度大なりと雖も、其水吐き宜しきと、河岸に沖積平地少きと河底の年々低下せらるるとの事実により洪水の害至って少

し。故に著しき工事を施せるは只二カ所に於て之を見るの
み。一は人吉城下にして一は八代城下なり」と記す。

　昭和に入るまで、球磨川の激流である上流域と下流域は
当時の技術ではなすすべもなく、ほとんど行われていない。
一方、多くの人が住む中流域の人吉盆地内は、南側に扇状
地が連なる台地となっており、盆地北縁の一番低いところ
を流れる球磨川は氾濫を起こしても台地の上にあった集落
などにはあまり被害はなかった。このため球磨川には人吉
や八代を除き、堤防はほとんどなく、利水のための溝の取
り入れ口など一部に護岸工事がされているだけだった。

　そして頻繁に氾濫する球磨川では橋はすぐ流されるため、
藩政時代まで球磨川にかかる橋は人吉城下の大橋ただ一つ。
比較的流れがゆるやかな浅瀬などには秋から冬の渇水期に
木や竹で「ビャーラ橋」と呼ばれる簡易な橋が作られたが、
氾濫で毎年のように架け替えられていたという。球磨川を
渡るために盆地内では渡し舟があちこちに設けられ、その
数は「熊本県歴史の道調査（球磨川水運）」（昭和63（1988）
年）に50カ所以上が記録されている。

　「球磨郡誌」にはこうも記されている。「人吉城下治水の
目的は三あり。①人吉城の石垣下は常に河水に浸さしむる
こと、然れども河水の衝突を避けて石垣を安全に保つこと。
②球磨川唯一の目的たる鳳凰橋の安全を計ること。③人吉
町及び其附近地の洪水の害を避けしむること。而して茲に
施されたる土木工事は最適実に此三つの目的を成し遂げた
るものなり」。

　球磨川は人吉盆地の西端に位置する人吉市に入ると激変
する。人吉城は球磨川本流に支流の胸川が合流する要害の

地に造られたが、暴れ川から城や城下町を守るために様々な治水工事が行われた。人吉盆地を比較的穏やかに流れてきた球磨川は、人吉城下の上流で城山にぶつかり、その勢いで急流となって城下に向かう。そのため河原を埋め立てて造られた人吉城下の石垣を破壊する恐れがあるし、右岸の人吉町に洪水をもたらす。城石垣の下にできた中川原で胸川が溢れ、城下に洪水を引き起こす。このため人吉城石垣下から人吉町石垣に球磨川を横切って「ウケ」を築造し、さらに中川原で水流を二つに分けた。「ウケ」は落ち鮎を捕まえるもので漁期が終わると破壊されるが、礫がたまることで、その上流には水がたまり、急流となることをおさえる。中川原の上流の頂点には矢瀬石という数個の巨石を置いて、水流を二つに分け、流れが穏やかになるようにした。二つに分かれた水流が再び一つになるところは氾濫を起こしやすいので、球磨川の支流である山田川、胸川をそれぞれ南北から直角に流入させるようにして、球磨川の水流を中央に押さえ込むようにした。

　最下流の八代では加藤清正が球磨川の右岸に長堤と呼ばれた堤防を築き、さらに八代城代の加藤正方は長堤を改修して半環状の6km余りの堤防とし、水流を弱める「はね」を7カ所に取り付けた。

　戦後になると球磨川の治水工事が本格化し、中でも球磨川上流には昭和35（1960）年に市房ダムが造られた。球磨川本流の洪水調整、扇状地の球磨川左岸の灌漑用の水源、さらに発電を行う多目的ダムである。水上村江代と湯山境の峡谷を堰き止める高さ78.5m、長さ258.5mの重力式ダムで、総工費約40億円。水上村の中心部、総面積約154町

（154ha）、家屋227戸（1,245名）が水没した。

③　川辺川ダム建設計画に翻弄される球磨川治水

　暴れ川・球磨川はその名の通り、たびたび氾濫・洪水を引き起こし、流域に甚大な被害をもたらしてきた。昭和35（1960）年に市房ダムが完成したものの、その後も昭和38年から3年間連続して多くの死傷者や建物被害、農地の冠水など大きな被害が相次いだ。昭和41年、当時の建設省は球磨川の支流である川辺川に治水を主な目的とした川辺川ダム建設計画を発表。以来、球磨川全体の治水は置いてきぼりとなり、川辺川ダム建設計画の賛否をめぐる議論にすり替えられたのではないかと思われるほどの混乱をしてきたが、その状況は今も続いている。球磨川は一級河川でありながら、河川整備計画は令和4（2022）年8月にようやく策定されたことからも分かるように、球磨川の治水問題が川辺川ダム建設計画に翻弄され、本筋である暴れ川をなだめる治水対策がおろそかにされてきたかが分かる。

　川辺川は九州山地の五家荘に源を発する長さ62kmの急流で、五木小川など11の河川が流れ込む球磨川最大の支流である。標高1000m以上の山々の間を深く穿って流れる川辺川には、その川筋に五木村役場のある頭地をはじめ集落が点在。球磨川本流には人吉市街地のすぐ上流の相良村柳瀬で合流する。

　川辺川ダムは建設計画によると五木村と隣接する相良村藤田の狭隘な谷間を仕切って造られる。高さ107.5m、長さ300mのアーチ式コンクリートダム。当初計画では総貯水量は1億3,300万㎥。ダムによって五木村では村役場の

ある頭地地区をはじめ65世帯、相良村では63世帯が移転を余儀なくされ、ダム湖ははるか4km上流の五木村九折瀬上流付近までに達する。市房ダムの高さ78.5m、長さ258.5m、総貯水量4,000万㎥と比較すると、その規模が異常といえるほど大きいことが分かる。現在、ダム本体の下部、中部、上部に穴をあけることで通常は貯水しない「穴あきダム」に計画変更されているが、そのダムの基本的な造り自体は変わらず、現在、国内最大の穴あきダム・益田川ダム（総貯水量は675万㎥）の約20倍というケタ違いの大きさである。これほど巨大な穴あきダムの前例は国内にはなく、海外にも数例しかない。

　球磨川本流は上流に建設された市房ダム、本流をしのぐような大きな支流・川辺川は川辺川ダムを造ることで流域最大の町である人吉を球磨川の氾濫から守ろうというもくろみだが、昭和41（1966）年に川辺川ダム建設計画が発表されると、五木村議会は直ちにダム反対を決議。村の存続をかけて、半世紀以上も村と村民は国、県と激しく対立してきた。同時に球磨川全体の治水問題は文字通り紆余曲折をたどり、遅々として進まない状態が現在も続いている。

④　川辺川ダム建設計画の経緯

　ここで川辺川ダム建設計画の経緯を簡単に振り返る。

　昭和41年、建設省の建設計画発表後、五木村は苦渋の決断の末、事実上の条件闘争を展開。村民による五木村水没者地権者協議会、川辺川ダム対策同盟会、五木水没者対策協議会が相次いで発足し、昭和56年には川辺川ダム対策同盟会など3団体が水没補償に調印し、水没地区の移転や離

村が始まった。翌年、五木村議会はダム建設反対決議を取り下げ、平成元（1989）年、球磨川流域の2市17町村がダム建設促進協議会を設立。平成8年には五木村議会がダムの本体着工に同意した。平成13年、ダム建設の是非をめぐって住民と国などが議論する「川辺川ダムを考える住民討論集会」を潮谷義子熊本県知事が主導し、1,400名が熱い議論を展開した。住民大集会はその後、国交省の主催で平成15年まで9回開かれた。

　平成14年、最下流の八代市長選挙で「ダム反対」を掲げた中島隆利氏が当選し、平成14年には潮谷知事が球磨川下流の荒瀬ダム撤去を表明した。平成20年8月に相良村の徳田正臣村長が反対の姿勢を示し、人吉市長であった私も「白紙撤回」を掲げ反対の意思を表明。続いて蒲島郁夫熊本県知事も「白紙撤回」を表明し、翌年には国交省の前原誠司大臣が「川辺川ダム中止」を明言。40年間も続いてきた川辺川ダム建設計画は終止符を打ち、ダムによらない球磨川治水への取り組みが模索され始めたかのように見えた。川辺川ダム計画の推移の概要[1]によると、昭和41（1966）年から平成20年までの紆余曲折の流れのなかで、農業用水とダム発電が目的から外れ、治水目的だけがダム建設の目的として残った。

　私は治水目的だけならばダムによる治水に頼ることなく、他の河川改修により十分に治水対策を講じることができると考えているが、農業用水と発電が外れても、川辺川ダム建設計画はそのまま継続された。以下、私が人吉市長時代に携わった川辺川ダム建設計画を振り返りながら、ダム計画の問題について考察したい。

平成20（2008）年9月までに、熊本県知事や当時人吉市長であった私は、それぞれに公聴会を開き、住民の意見聴取や流域市町村長の意見を慎重に探った。そして、9月2日の人吉市議会冒頭の人吉市議会施政方針演説[2]で私が、9月11日に知事が、それぞれ川辺川ダム建設計画の白紙撤回を表明した。

　以降、国、県主催の「ダムによらない治水対策市町村長会議」が開催されることになり、令和2（2020）年7月の熊本豪雨まで引き続き開催されてきたが、この間、国は球磨川水系整備基本方針を維持し続けてきた。つまり、川辺川ダム建設の法的根拠は残されたまま熊本豪雨まで推移したことになる。

　川辺川ダム計画では、80年に一度の洪水を防ぐものとして球磨川の支流である川辺川にダムを造る。豪雨災害時の人吉地点での基本高水流量を最大毎秒7,000㎥と想定し、既存の市房ダムで600㎥、新設予定の川辺川ダムで2,400㎥の合計3,000㎥をカットして、人吉地点での基本高水流量である毎秒4,000㎥を流す計画であった。80年に一度の水害を想定した計画であるが、100年、120年に一度の豪雨は想定されてはいない。

　なぜか。国には、作りたくても作れない理由があるからだ。今、計画されている以上の120年に一度に対応したダムを造りたいのは山々なのだが、それを造るには、建設に適応したダムサイトが、川辺川にはないからだという理由にほかならない。

　今や日本列島は、地震災害とともに豪雨災害多発地帯と化している。さらに、2030年には平均気温が産業革命前と

比較して1.5度上昇するという予測[3]もあり、日本を含めた東アジアや世界中で、これからも頻繁に大規模の豪雨災害に見舞われることが予想される。平成29（2017）年、国は千年に一度の洪水浸水想定区域を、球磨川水系を含む国が管理する全国の67水系で発表した。

　しかし、令和2（2020）年7月、球磨川流域は未曾有の豪雨に襲われ、8月には蒲島知事は「川辺川ダムも選択肢の一つ」と発言。それまでの「ダムによらない治水」は当時の流域住民の「民意」だったと強調し、「脱ダム」が自らの信念だったとは言っていないと、一転して「流水型のダム容認」を明らかにした。国交省は平成20年当時、穴あきダムにも言及していることを私でさえ承知していたぐらいであるから、蒲島知事も穴あきについても知っていたはずで、穴あきダムも含めたところでの白紙撤回であったはずである。豪雨の洗礼を受けたことで穴あきダム是認に心変わりしたのは別の理由があるようだ。

　いずれにしても急ぐべき球磨川流域の治水問題は再び振り出しに戻った形となり、半世紀以上もかけて議論は尽くされてきたはずの川辺川ダム建設計画に、流域住民は、また、これからも振り回されることになった。こうした川辺川ダム建設計画をめぐる一連の流れは、独立行政法人「科学技術振興機構（JST）」が「失敗のデータベース化」を目的に集めた「失敗百選」にも選ばれており、後学の貴重な資料となっているのがせめてもの救いと言えば皮肉に過ぎるか。

［注］
1 「川辺川ダム砂防事務所　川辺川ダム建設事業の経緯」〈https://
　www.qsr.mlit.go.jp/kawabe/dam/kawabe_dam/history.html〉
　（2018年11月9日閲覧）。
2 「人吉市市議会2008年9月市議会議事録」。
　「平成20年9月第3回人吉市議会定例会会議録」。
3 『毎日新聞』〈https://mainichi.jp/articles/20181007/mog/00m/
　040/003000c〉電子版（2018年10月8日閲覧）。

⑤　球磨川の利水

　暴れ川・球磨川はまた、流域に豊かな恵みをもたらす〝母なる川〟でもある。源流付近では年間雨量が3,000㎜を超える、日本でも有数の多雨地域。天から注がれる大量の雨は時に洪水などの災害を引き起こすが、日頃は大地を潤し、多くの作物を育てる。また、鉄道や車がない時代、球磨川は人や物を運ぶ川の道でもあった。

　球磨川に生きる人々は横暴な球磨川を恐れる一方で、球磨川が造った台地で、その恵みを結実させてきた。流域の人々が異口同音に語る「球磨川は怖いけど、球磨川は悪くない」という言葉は、地域における球磨川の確かな存在感を表現している。

　球磨盆地は先に述べたように球磨川が北縁を東から西に流れ、球磨川の南側は球磨川やその支流が作った広大な扇状地となっている。山麓の緩傾斜地である扇状地はもともと、水を得にくい地形である。人々は長年かかって多大な努力の末、扇状地に灌漑用水路を引くことで豊穣の地に変えてきた。百太郎溝と幸野溝は規模、歴史的に代表的な灌

漑用水路である。

　また、球磨川を〝幹線道路〟として活用するため、球磨川の浚渫や掘削など様々な取り組みも行われてきた。中でも17世紀の林正盛によって行われた開削事業は、球磨川の舟運を一変し、一気に人と物とが八代海まで流れ下った。今でいえば高速道路並みの感覚があったであろう。この開削は、人、物の流れの時間短縮と大量輸送に貢献した一大事業であった。

【百太郎溝】

　取水口は球磨盆地の上流に位置する多良木町百太郎で、水路延長は錦町西村まで約19㎞。この間、多良木、黒肥地、須恵、久米、上村、木上、岡原、深田、免田、一武、西村などを潤し、その面積は1,400ha。

　開削は17世紀末ごろ始まったといわれ、1世紀以上かけて5期にわたって少しずつ延長されてきた。人吉藩からの直接の援助や指導者も特別にないまま、農民だけの力で掘り進められてきたという。延宝8（1680）年、人吉藩士の有瀬四兵衛を中心に築地まで開削され、元禄9（1696）年には上村の乙名衆が上村まで、宝永元（1704）年には鎌田市左衛門が上村から一武まで、そして寛保3（1743）年には一武から西村まで伸びた。200年後の昭和32（1957）年に市房ダムの利水工事として本格的に改修され、現在も球磨盆地の重要な灌漑用水路として大事にされている。

【幸野溝】

　百太郎溝の取水口から6㎞ほど上流の湯前町馬返で取水。多良木、岡原を通って終点は上村の神殿原まで約15㎞で、百太郎溝よりさらに南の扇状地上部を潤し、上球磨の水田

化が進んだ。着工は元禄10（1697）年（元禄9年の説もある）で、完成は宝永2（1705）年。人吉藩主相良頼喬の命を受け、高橋政重が中心となって開削。途中3カ所の隧道（延長2,705m）を掘る難工事、さらに元禄12年の大洪水などを乗り越えて造られた。昭和33（1958）年には県営球磨川南部地区土地改良事業で市房ダム下の幸野ダムから取水する水路が造られ、受益面積は3,500haとなった。江戸中期にはじまった灌漑事業は、農業用水だけの溜池方式ではなく、清冽な水の流れの恩恵を生かした生活用水路としても活用されたのである。

【舟運】

　球磨川の恵みは農業用水だけではない。球磨川の流れを生かした舟運は球磨盆地に大きな富をもたらした。球磨川の舟運の記録は鎌倉時代にさかのぼるが、人吉から八代まで、いわば全面開通したのは寛文5（1665）年。人吉藩士の林正盛が4カ年をかけ、球磨郡渡から神瀬まで流路を開いた。険しいV字谷の底を流れる球磨川には44の急流の瀬があり、その開削は困難を極めたが、中でも最大の難所は大瀬の亀割の淵だった。淵には巨大な亀石があり、堅固で割って取り除けなかったが、神仏に祈願したところキツネが夢枕に立ち、そのお告げにより岩上で火を焚いて取り除いたという。

　正盛は川船総問屋を許され、開削から3年後の寛文8年に人吉藩主相良頼喬が球磨川を下って参勤している。球磨川は人吉と八代の幹線路となり、ますます物資や人流が活発となった。中でも沿岸の豊富な樹木を筏として八代に運び出すことができるようになり、連日、筏が列をなして下っ

たと伝わる。

　明治41（1908）年、国鉄肥薩線が開通すると人や物の流れが一変。昭和29（1954）年に八代から13km上流に荒瀬ダムができると筏流しは姿を消し、人吉～八代の舟運も終止符を打った。

（2）令和2年7月4日熊本豪雨

①　堤防越水箇所の変化

　令和2（2020）年7月4日熊本豪雨で、人吉市駒井田町にある、私が代表を務める葬儀社「香花堂」は浸水3mの被害を受けた。社屋は球磨川の支流である山田川が本流の球磨川に注ぐ吐き出し口から北へ直線で約500m、最寄りの山田川右岸から北へ約200mのところにあり、昭和40（1965）年から三度にわたる水害被害は、山田川右岸からの越流水がもたらす水害で、せいぜい道路冠水か水深40cm程度の被害であった。昭和61年に社屋を新築した際、基礎を道路から40cm上げて対策をした。今回の水害もこれまで通り、洪水は東の山田川右岸から来るものとばかり思い込んで警戒していたが、想定外の濁流に見舞われた。

　わが社裏の北側を東西に走る肥薩線路が川と化し、濁流が渦を巻いて流れてきた。山田川に架かる肥薩線鉄橋と、そのすぐ上流に並行して架かる染戸橋に濁流がもたらした草木が挟まって堰となり、上流からの濁流水が染戸橋すぐ上の右岸下にある東西コミュニティセンター方面へ流れ込み、県道駒井田町交差点の北側にある肥薩線路下のアンダーパスを深々と水没させ、その西側に続く肥薩線路（わ

が社裏で幅約20m×高さ2m）を川にして、濁流が人吉駅方面に流れてきた。濁流はわが社周辺の住宅1階の軒下までを水没させ、駒井田地区から人吉駅西部方面の広範囲に前代未聞の被害をもたらした。濁流が襲ってくる方角の見当違いと被害の大きさは、「今やどこから、どれだけの水が来るか分からない時代となった」という驚愕以外の何物でもなく、正面階段の踊り場で立ちすくんでしまった。

　これまでの水害と異なり、今回、駒井田地区から人吉市の西部や中心市街地へ被害が及んだのは、過去に類を見ない雨量が人吉市の北に位置する山江村方面の山々に長時間にわたり降り注いだ結果、山田川鉄橋と染戸橋が堰化して、従来の越流箇所であった泉田橋から約200m上流が越流箇所となり、そこから未曾有の水害被害が起きたのである。さらに、その山田川の越流をさらに助長し

図1-2-1　筆者被災箇所周辺の空中写真
（令和3年10月27日国土地理院撮影のものを加工）[1]

たのは、同じく山江村の山々を水源とする山田川の染戸橋左岸東詰に注ぐ鬼木川からの濁流水であると、地形からも推測できる。

[注]

[1] 「国土地理院　地図・空中写真閲覧サービス」〈https://mapps.gsi.go.jp/maplibSearch.do?specificationId=2045483〉

②　山林崩壊が招いた氾濫

　なぜ、山田川に架かる染戸橋と肥薩線鉄橋は堰化したのか。その原因の一つは、山田川上流、中流を囲む山々に原因がある。

　山を基盤とする林業は、1980年代に林業産出額が減少の一途をたどり採算性が悪化し、それとともに労働環境も過酷なことから山を離れる人々が増加。それによる後継者不足や従事者の高齢化など、人手不足が原因となって衰退した。そこで国は、林業の成長産業化を図るべく、木材自給率50％を目指して、平成21（2009）年に森林・林業再生プランを発表し、翌年には公共建築物木材利用促進法を施行した。この施策で、林道の整備促進や高性能大型林業機械の購入に際して1,000万円以上を補助するなど強力な後押しをした結果、林業における効率化、収益化が促進されていったのである。これにより、木材自給率は、令和元（2019）年に37.8％を達成したのであるが、これにより弊害も生まれた。

　一つ目の弊害として、皆伐という広域的、短期的伐採が主流となり、高性能の大型機械を山に入れるための広い林

道と急勾配の作業道を作らせた結果、山林崩壊の重大な要因となった。

　二つ目の弊害は、山林所有者が、人手不足や費用の面から下刈りや枝打ち、間伐といった定期的な手入れを行わず、放置してきたことである。下刈り、つる切り、除伐、枝打ち、間伐などの計画的な手入れが行われていない山の地表には日光が届かず、下草が生えないので、地表や土中に樹木の根が張らずやせ衰えていく。このような環境では、表土の流出を招き、山林が水を吸収する機能を失い、雨水が地表を流れるままになる。

　三つ目の弊害は、皆伐後の植林事業までを予算に組み入れられていない山々が、全国に無数に存在することである。さらに盗伐や計画の届け出がない伐採が横行し、鳥獣や害虫による被害も含め、個々の、または複合的要因による森林崩壊が起きている。

　これらの弊害が要因となり、降雨や地震などを契機として、土砂崩れを起こす。もちろん、手入れされた樹木が生い茂った斜面からの崩壊も、地質状況や経年による地中変化などで起こる。表層や深層の土砂、岩石が、水分や水流などの変化により分離崩壊する。

　こうして、豪雨時に流出した立木や萱などの強靭な草が濁流とともに押し流されて、河床高と橋脚の間が狭い橋を埋めて堰化する。

　また、皆伐した場所からの土は、土そのものの保水能力が失われて微粒子化しており、水と混ざるとヘドロとなり濁流化を促す。この濁流水が、水害復旧時の一番の厄介者となり、進捗の妨げとなっている。さらに伐採後に植林も

されずに放置されたままの切り株は10年から20年で腐り果て、土留めの役割がなくなり、さらなる大規模山林崩壊へとつながっていく。

令和2（2020）年の熊本豪雨では、山田川を流下した草木が町なかに架かる染戸橋と肥薩線鉄橋に絡まり、流れを塞いだことが堰化の原因となり、100m上流の東西コミュニティセンターからの越水を招いたのである。水害防止の観点からも山の保全がいかに重要であるか、山田川に架かる橋と河床の関係が、草木で堰を作り氾濫するという形で、橋の嵩上げが必要かを教えてくれた。

③　人吉中心市街地に吐き出し口を持つ山田川の特徴と治水対策

今回の山田川からの水害は、わが社の3階屋上からの目視と住民証言を合わせると、濁流は染戸橋東側左岸付近の鶴田町、北・南泉田町から市街地の鍛冶屋町周辺へ、そして西側右岸の瓦屋町の一部地域に被害をもたらしながら、肥薩線路を人吉駅方面に西へ、駒井田町、中青井町、上青井町、下青井町、城本町、下城本町、宝来町、相良町、上薩摩瀬町、林地区へと被害を広げていった。

山田川は、染戸橋下

西　人吉駅　　　　　東　山田川
図1-2-2　肥薩線路を流れてきた濁流で浸水した駒井田町（7月4日午前10時ごろ弊社2階から撮影）

流の泉田橋から球磨川吐き出し口まで、河道が極端に狭く
なり、これまでの水害のたびに、左岸の市街地被害に大き
な影響を与えてきた。因みに、染戸橋付近の川幅×河床高
は60ｍ×3.1ｍ、泉田橋35ｍ×3.2ｍ、三条橋31ｍ×3.3ｍ、球
磨川吐き出し口にある出町橋29ｍ×４ｍとなっている。こ
れらの数字から、民家や店舗がひしめき合う山田川吐き出
し口周辺は、球磨川に近づけば近づくほど河道が狭くなっ
ていることが分かる。

　山田川による水害常襲地帯である紺屋町、九日町も、山
田川の染戸橋左岸堤防からの濁流による被害を受けたが、
これまでの堤防越水箇所が染戸橋下流の泉田橋から染戸橋
上流へと変わったことで、被害がさらに甚大なものとなっ
た。

　山田川左岸から人吉市の中心市街地に流れ込んできた濁
流は四つの流れができていたという。一つ目は、染戸橋上
流から北・南泉田町、鍛冶屋町、紺屋町方向へ、二つ目は、
紺屋町会館付近の五十鈴橋堤防から九日町方向へ、三つ目
は、紺屋町会館下のＴ字路から西の大橋方向へ、四つ目は、
Ｔ字路の西の先にある地蔵尊真裏の堤防の切れ目から紺屋
町、大橋方向への四つである。さらに、球磨川も越水箇所
がこれまでの水ノ手橋下流ではなく、そこから約1,000ｍ
上流にある曙橋下流の南願成寺町右岸へと変わり、近年、
水害に見舞われてこなかった肥薩線球磨川第三橋梁下の上
新、下新、七日町、南泉田町、五日町、二日町、大工町も
浸水し、紺屋町や九日町は、球磨川右岸からの５方向から
の水流により甚大な被害を受けたのである。

　このように人吉市街地に洪水被害をもたらす原因となる

　河川氾濫は、昭和40（1965）年以来、今回の熊本豪雨も含めて溝や内水（マンホールや水路）などから始まり、球磨川支流の山田川、万江川、胸川などの氾濫、そして本川球磨川氾濫の流れに変わりはない。

　山田川の最下流域の治水対策は、染戸橋から一つ上流の鶴亀橋から吐き出し口までのパラペット（波返し）の新設や既設パラペットの嵩上げ強化と、市街地の山田川沿いは東西コミュニティセンター上流の流量に匹敵する河道掘削が、一番効果が高いと考えられる。また、矢板などによる堤防強化、染戸橋並びに肥薩線鉄橋の嵩上げも急務である。山田川の上流、中流においては、まず、山の保全、そして、遊水地と河道拡幅、堤防敷設などの対策とともに、分流水路の整備が、水害減災対策となる。

　広域自治体の長である蒲島郁夫県知事は、豪雨時に人吉の中心市街地を最初に襲う山田川流域の治水対策をどのように考え、判断されているのか。熊本県が言う「緑の流域治水」などといういかにも自然を大切に寄り添ったかのような謳い文句で、穴あきダムを修飾しようとしても、それは所詮、言い繕い以外の何物でもない。また、緑を掲げる田んぼダムも今回の豪雨の前には、焼け石に水である。また、農家が９月の田んぼに水を張ることに納得するだろうか。川辺川穴あきダムは、堤体の下部、中部に穴をあけ、さらに緊急放流のために最上部にも穴を整列させるという念の入った高さ107.5m、幅約300m、総貯水容量１億３千万トンで治水専用ダムとしては国内最大の穴あきダムである。自然を破壊して造る、見たこともない、恐れをなすであろう灰色の巨大なコンクリートの塊のどこが緑なの

か。また、「穴あき」ダムを、あたかも清流が常時流れるかのような「流水型」と修飾するなどしていることも、所詮は言葉によるまやかしであり、洪水調節や緊急放流という洪水軽減の真逆をやるダムでは、Ｖ字谷を流れる川辺川流域住民の命を脅かすだけである。

　一方、人吉では、今回の水害被害をもたらした主な原因である山田川からの越流水の総流入量を計算の上での治水対策が急務となる。まさか、30年かけて造ると県が言う田んぼダムだけで済まそうということではないと思うがいかがか。知事は、山田川流域治山治水の不作為も含め山田川管理責任者としての責任が問われることとなる。

　熊本県は、山田川の吐き出し口から300ｍの区間を、堤防拡幅とパラペットまでの嵩上げ案を発表しているが、山田川全体の本格的改修策は持たない。その理由は、山田川からの洪水が、今回の水害でも多大な災害をもたらした原因であると認めたくないからだ。その証拠に、県の河川課は球磨川の逆流水が泉田橋まで上がってきたと言っている。ではその証拠をといってもだんまりを決め込む。

　もし、県の言う通り、逆流水が泉田橋まで上がってきたとしたら、駒井田町は、東西コミセン側からと吐き出し口の南からの２方向の、橋でいえば三条橋方面の駒井田中央通りからと東西コミセン側からとの濁流に挟まれていなければならない。駒井田町には、北から南へ流れてくる東西コミセン上流の山田川からの１方向からの水流しか観察されていない。つまり県の説は、確かな検証に裏付けられていない説である。

　それでは、実際はどうだったか。当時の山田川の吐き出

し口の映像を見ると、吐き出し口にある出町橋のすぐ上流
の二条橋下で渦が巻き続けている。ここで球磨川と山田川
の洪水がせめぎ合っていたのだ。また、津波のときと違い、
大河川の水流は支流の横を流れ下る。支流に直進しては
やってこない。県は、改めて、山田川吐き出し口から約
700m上流の泉田橋まで逆流水が遡上したという証拠を出
していただきたい。また、県は今まで、山田川の河川改修
を本格的にやったつもりの立場を取り続け、抜本的な河川
改修をやって来なかったから今回の大水害になったのだと
言われないように、県の責任や不作為を指摘されないよう
に、保身を図って、逆流水のせいにした説となったのでは
ないか。

④　人吉市区で20名もの死者が出た理由

　熊本豪雨では人吉市だけの被害を見ても死者20名、家屋
の全壊885棟、半壊1,412棟、床上浸水713棟、床下浸水225
棟であった。市の全戸数13,543戸の約33％に当たる家屋が
被害に遭うという、これまでにない大災害ではあったが、
洪水から逃げ遅れて犠牲になられた人々がいた原因は、松
岡隼人・人吉市長による避難勧告が前日も水害当日もつい
ぞなかったことに起因することが大きいように思われる。
避難指示が4日午前5時15分に発出されたが、すでに洪水
被害が始まっているときで、いかにも遅い。そしてこのと
き、市房ダムの放流が毎秒500㎥を超えたとの情報が市に
知らされているにもかかわらず、この放流の事実は放送さ
れていない。人吉市災害対策本部では、一体どのようなや
り取りがなされていたのか。二度と球磨川や支流の氾濫で

死者を出さないために、第三者による検証がなされるべきである。

　避難指示が発出された夜明け前、住民は深い眠りの中にあったと思われ、住居は戸締まりをしており、雨戸で室内は音が遮断され、屋外放送は聞こえていなかったであろう。また、身体的弱者が1名亡くなっておられるのだが、水が迫って来て初めて水害を知る中での2階への垂直避難は困難な環境にあった。なぜ、前日の明るいうちの事前避難を、市職員や水防団、市民に勧告しなかったのか。前日に避難勧告を実施していれば、一人でも助かった命があったのではないか。明るいうちの事前避難を徹底することが、市長の最も重要な使命の一つである。

　これこそ、災害時に市民の命を守り抜くぞという市長の危機意識の欠如と、日頃からほかの地域の災害から学ぶという意識がないトップがもたらした典型的な人災ともいえるのではないか。

　因みに、20名の犠牲者の年代別内訳は、18名が60歳以上で、残りの2名は50代の女性である。また、家族を避難所に送り届けた後、自宅に愛犬や愛猫を残したまま避難してしまい後戻りした男性、女性が各1名ずつ。男女の割合は、男性12名、女性8名である。内水、支流氾濫が直接的原因で亡くなられた方々が19名、球磨川氾濫が原因の方が1名である。土砂崩れ、内水、支流氾濫を甘く見てはいけない。家の前の溝にはまり水位が上がったために塀にしがみつき、這い上がろうとするも身動きが取れないうちにさらに流速が増し流された70代男性1名。

　若者よ！　身内や近所の年寄りを連れて、逃げてくれ‼

お願いです。

⑤　全国的にも甚大な被害

　熊本県内、特に球磨川流域で甚大な被害を出した熊本豪雨は、気象庁では「令和2年7月豪雨」ともいわれるように全国的にも大きな被害をもたらした。

　死者86名（富山県1名、長野県1名、静岡県1名、広島県2名、愛媛県2名、福岡県2名、長崎県3名、熊本県67名（うち2名は災害関連死）、大分県6名、鹿児島県1名）、行方不明2名（熊本県2名）、重傷28名（熊本県15名）、軽傷54名（熊本県35名）。また、住宅被害は全壊1,627棟（熊本県1,493棟）、半壊・一部損壊6,651棟（熊本県3,398棟）、床上・床下浸水8,007戸（熊本県2,511棟）、土石流やがけ崩れ961カ所（熊本県226カ所）。この数字を見ただけもいかに豪雨がすさまじかったことが分かるし、熊本県内に被害が集中していることが見て取れる。

　「令和2年7月豪雨」は気象庁によると7月3日から7月31日まで続き、特に熊本県や九州中部で集中豪雨が降った。長期にわたり梅雨前線が停滞し、3日から8日にかけて、熊本県や鹿児島県で線状降水帯が発生。気象庁が熊本・鹿児島両県に大雨特別警報を出した4日午前4時50分には、熊本県南部で幅70㎞、長さ約280㎞の巨大な線状降水帯が観測された。

　集中豪雨は5〜6日は鹿児島、6〜8日は九州北部、8日は岐阜と長野、さらに28〜29日の秋田まで続き、列島各地に大きな被害をもたらした。この豪雨による雨量はいずれも72時間雨量で大分県日田市862.0㎜、熊本県湯前町

794.5㎜、鹿児島県鹿屋市754.0㎜、熊本県山鹿市690.5㎜、福岡県大牟田市688.5㎜、熊本県あさぎり町660.5㎜、長崎市593.5㎜などを記録している。

　球磨川流域では7月3日から降り出した雨は、翌日の4日までの48時間に山江村468.5㎜、球磨村一勝地470.5㎜、あさぎり町上466.5㎜、また、県南部の芦北町田浦465.5㎜、水俣市水俣513.0㎜など、平年の7月約1カ月分を上回る豪雨となった。このため球磨川の各水位観測所の水位は相良村柳瀬8.07m、人吉6.12m、球磨村渡12.88m、八代市萩原5.28mを記録（人吉と渡は計画高水位超過後に欠測）。いずれも昭和40（1965）年7月、昭和57年7月の大水害を上回る水位だった。球磨川本流の堤防2カ所が決壊し、一帯の県道39カ所、国道14カ所で道路損壊や土砂崩れで通行止めとなり、道路橋と鉄道橋は合わせて17カ所が流失した。

　球磨川の上流域では被害は比較的小さかったが、支流の川辺川と合流する中流域から下流では1,020haが浸水し、6,110戸に被害が出た。うち人吉市街地では浸水518ha、4,681戸、川辺川沿岸の浸水被害は130ha、170戸だった。

⑥　ダム放流の情報告知を義務化せよ

　球磨川上流の水上村にある市房ダムは、洪水調整、灌漑、発電を目的に昭和35（1960）年に完成した溢流型直線重力式コンクリートダムである。堰堤の高さ78.5m、長さ258.5m、総貯水量4000万㎥余の巨大なダムで、球磨川が九州山地から球磨盆地に入る、その首根っこに球磨川を堰き止める形でそびえ立っている。

　市房ダムは球磨川上流部に降った雨をいったん貯めるこ

とで、ダム下流の球磨川中流、下流域の洪水調整を行うようになっている。熊本豪雨では満杯水位に達する可能性があったが、寸前で緊急放流が回避された。緊急放流が行われていれば、中流、下流域の球磨川の水位が急上昇し、特に川辺川や山田川などの支流が吐き出す人吉市街地の水位は一気に高くなり、洪水に拍車をかける恐れがあった。

　熊本豪雨では市房ダムの放流は３日の予備放流とともに４日午前２時ごろから次第に洪水調節の放流量を増やし、午前５時には毎秒650㎥となった（図１‐２‐２）。

　４日午前２時〜５時の３時間で（250㎥＋650㎥）×0.5（平均）×60秒×180分＝4,860,000㎥が、市房ダムから球磨川に放流されたことになる。

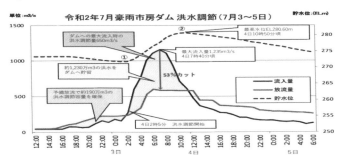

図1-2-3　市房ダムの洪水調節について（熊本県発表）

　さらに、午前５時〜午後１時の８時間にわたり毎秒650㎥を維持。この継続放流量と放流時間から、この８時間で約650㎥×60秒×480分＝18,720,000㎥を放流したことになる。合計11時間の総放流量は4,860,000㎥＋18,720,000㎥＝23,580,000㎥となる。

　昭和40（1965）年、昭和46年の水害では、それぞれの雨

量や時代ごとの河川状況、放流量、放流時間や町の形態により人吉地点の増水量も違うことから一概に比較はできないが、水害を引き起こした昭和40年や昭和46年の洪水放流量と放流時間を計算すると、熊本豪雨は昭和40年の4倍、昭和46年の2倍の総放流量となる。

　今日の球磨川本川の流下能力は、二つの水害時と比較しても格段に向上しているのにもかかわらず、これまでにない洪水被害を引き起こしたのである。今回の水害は、図1－2－2が示す通り、想像をはるかに超えた雨量であったことがうかがえるとともに、洪水調節がもたらす球磨川氾濫の危険性を示す結果となった。

　今後、早急に時間の長さと放流量を勘案して、例えば、放流量がダム湖に流入した雨量の50％を超えた場合は、それを住民への告知基準とし、「洪水調節」を「要避難放流」などと名称を改め、まずは住民に「支流、本流氾濫の恐れあり」と避難指示を発出すべきではないか。球磨川流域全体で支流、本流氾濫で逃げ遅れたことによる65名もの尊い命が失われ、さらに行方不明者2名の犠牲者が出たことを踏まえた、二度と犠牲者を出さないための措置であるといえる。

　しかしながら令和4（2022）年9月19日の大型の台風14号の際に、県は「市房ダムが満杯になる恐れあり」と、19日午前3時から緊急放流を実施したが、松岡市長はその情報を4時間前からホットラインで知らされていたにもかかわらず、避難指示の放送時に緊急放流の情報を市民に知らせていない。

　何度も問う。市民は、身に危険が及んでいることを知ら

ずして、避難行動はしない。ダムが放流したことを知らせる情報の伝達を、各自治体に義務化することである。

　因みにこのとき、市房ダムの管理者は「あと10cmでダム湖の満水基準に達するところだった」と、その危険な状況を吐露している。また、なぜか発表はされていないが、市房ダム上流の水上村古屋敷や江代地区では、倉庫の1階の屋根まで浸水したとの報告がある。

（3）　水害後の町づくり

①　県に求められる球磨川流域全体を見据えた治山治水

　人吉盆地を北から南へと流れる球磨川支流の川辺川、山田川、万江川など、あるいは南から北へと流れる免田川、鳩胸川、胸川などにおいても、最初は、球磨川本川からの濁流水の被害ではなく、支流吐き出し口付近の濁流が、それぞれの支流の堤防を越水した被害から始まっている。この現実からいかに支流氾濫を緩和するかが重要課題の一つといえる。

　また、今回、大きな被害を受けた駒井田地区をはじめとする山田川から西の肥薩線路の北、南側地区は、山田川染戸橋上流の洪水による堤防越水が濁流化したための被害であり、後にも先にも、一滴も川辺川、つまり球磨川の濁流水による被害は受けていない。「川辺川穴あきダムを造れば、今回の水害のピーク時に人吉地点であふれた水の量は9割程度抑えられていた」と、京都大学防災研究所教授角哲也氏は熊本日日新聞紙上で言うが、それはどこから来る水のことか。また、国交省は「川辺川ダムを造れば人吉市

の浸水面積を6割軽減できる」と言うが、図を示し、その計算根拠を示す責任がある。さらに、国が熊本豪雨後に示した川辺川穴あきダムが完成すれば、豪雨時に500㎥/sの水を一定放流すると試算している。熊本豪雨では、市房ダムだけでも650㎥/sの放流を8時間にわたって実施しているので、単純合算しただけでも、川辺川吐き出し口から下流には、長時間にわたり合計1,150㎥/sの洪水を両方のダムから流すことになる。人吉地点での流量と流速はいかなるものとなるのか。その影響は、川辺川吐き出し口下流の内水、各支流にはどのような結果をもたらすものなのか、説明をお願いしたい。

　私の検証では、内水、支流氾濫による死者が19名、本川氾濫で1名であり、川辺川穴あきダムは、人吉市下流の支流氾濫に対する対応策とはなりえないばかりか、かえって、内水、支流氾濫を助長することになる。よって、山田川などの支流氾濫や市房ダム放流により人吉だけでも20名の死者が出た現実を直視して、ダムによらない、内水、支流のすべての氾濫対策を講じる必要がある。

　今や、梅雨前線や台風が、想定外以上の雨を降らせる。再び問う、ダムを造り、ダムに水をため、堤内に水を止め、溢れさせないという手法は、すでに破綻しているのである。むしろダムは、ダム下流域にとって、洪水軽減策とはならず、洪水調節、緊急放流の名のもとに、ダム湖より洪水となる水を大量に流すことにより、人命を奪い、自然を破壊する最も危険な施設なのである。このことについては、資料を示して後述する。

　今日、偏西風の蛇行が顕著であるが、この蛇行が寒冷と、

熱波による干ばつ、山林火災、豪雨の地域を顕著に区別し、それぞれの傾向を強めている。近年の線状降水帯は長時間にわたり連続して流れ込み、しかも広域化しており、まさに人吉球磨地方の歴史書にもない前代未聞の雨を降らせている現実を見れば、ダムによる洪水調節ぐらいではすでに対応しきれず、かえって地域に、緊急放流やダム崩壊という危険を及ぼすことは明らかである。

　このように近年は、地域に歴史的豪雨をもたらし、内水、支流を流下する水がその地域周辺に最初に被害をもたらす。このことは、内水、支流と本川の氾濫の時間差が証明しており、熊本豪雨においても変わることはなかった。つまり、豪雨が引き起こす水害被害がどこから始まるかという順番は、水の流れとして、山の沢の崩壊や山地の土砂崩れ、それがもたらす流木や土石流の発生、次に山麓周辺の水路や内水が溢れ、小河川、中河川、そして、最後に本川周辺となるのである。よって、被害を軽減するためには、まず、支流上流の山の荒廃による立木の流木化や土砂崩れを防ぐ治山対策が重要となる。なお、引き水は、まず、本川から水が引き始め、次に支流、内水という逆の流れの順番で起きる。引き水にも大きな破壊力があり、水が引き始めたからもう安心だとはいえないのである。

　さらに、いまだ水害検証委員会、治水協議会は、川辺川ダムありきの議論はしても山地荒廃の現状や主な球磨川支流である免田川、山田川、万江川、胸川、小川、川内川、吉尾川及び球磨川水系84に及ぶ各支流、派流等の治山治水対策は論じてはいない。

　水害から３年２カ月以上が経過した令和５（2023）年９

月現在も、知事は川辺川ダムに固執して、建設に「異存な
し」と発言している。言わずと知れて、熊本県は基礎自治
体ではなく広域自治体である。球磨川流域全体の人吉球磨、
芦北、八代を含む治山治水の抜本的対策に臨むのはいつか。
川辺川穴あきダムの建設は流域治水の免罪符とはなりえな
いことは確かである。

　この中で、県と人吉市は、人吉中心市街地全体の水害減
災対策構想、整備計画もなく、市街地の一部である山田川
吐き出し口周辺1.2haの区画整理事業案のみを示し、また、
吐き出し口周辺の河川拡幅や河床掘削には言及せず、区画
整理事業の一環として土地を買収し、山田川吐き出し口左
右岸のみ３ｍ堤防道路を、300ｍ上流へ緊急車両通行のた
めに倍の６ｍ道路に拡幅し、現在のパラペットの天端ま
で堤防道路を嵩上げするという。パラペットの天端までの
嵩上げは、堤防高が変わらないので、何ら水害防止策とは
ならないばかりか、今回の越水地点は、吐き出し口からお
よそ900ｍ上流の右岸、左岸であることを考えれば、おの
ずとその効果は見えてくるものである。また、300ｍほど
の短い緊急車両通行区間を設ける意味が分からない。さら
に、県は、県、市の事業区分もせず、山田川吐き出し口の
堤防拡幅と嵩上げとを、1.2haの区画整理事業と同一事業
として実施しようとしている。そこで、店舗や宅地を奪わ
れ、生業ができなくなる恐れのある人々が、堤防拡幅やそ
の宅地嵩上げに反対している中で、事業を一体として強行
することは、それだけ町の再開発が遅れるということにな
る。言わずと知れて、県は、県と市の再開発事業と堤防拡
幅、嵩上げとを、明確に切り離して実施すべきである。そ

れより、一日も早く生業を再開するためには、年月もかかり、一部に反対がある以上は、区画整理事業を取りやめ、住民で整理できないところは手助けをして、地域住民とともに生活再建に取り掛かるべきである。

　なぜこういうことが起こるのか。それは、人吉の復興建設部長等の要職に、県職員たちが出向して来ており、彼らが権限を持つために、市職員は、彼らの指示に従うだけとなり、県の事業と市の事業を一緒くたになって進めようとする出向県職員の意図的混同から生じている。まず、県は、山田川の上流、中流の洪水減災対策を急ぎ、市は、1.2haの宅地嵩上げは、東側に新たななべ底を作るだけで減災対策とはならないことを理解し、一日も早い1.2haの商店街の復興を図ることが望まれる。この切り分けができないならば、事業は遅々として1歩も進まず、県、市によるただの事業遅延計画であったとのちに言われても、彼らに反論の余地はない。

　「減災対策なくして町づくりなし」である。基礎自治体的に言えば、相良700年の城下町である人吉の中心市街地を守るため、川辺川ダムより山田川河川整備計画による具体的対策を図るのが先である。山田川の全体的治山治水対策が、具体的に示されないままでは、町の水害にかかわる減災対策も論じることはできない。

　県、市の発表によると、道路や堤防拡幅嵩上げ、宅地嵩上げ案を事業仕分けもせず、市民の意見に耳を傾けない県、市による押し付けの安易な堤防拡幅嵩上げと区画整理事業の完了は、最短でも今からさらに7年もかかるという。水害から10年という歳月は、この地で生業をしてきた店主た

ちからすれば死活問題であり、移転もしくは廃業を余儀な
くされて、町の荒廃へとつながる。これでは、人心を離れ
させるばかりである。また、ホテルや商店が建ち並ぶ中心
商店街地域としても空き地が広がる光景は望ましいもので
はない。

　この際、山林野、河川、治水、水質、防災、土木、水産、
気象、都市、造園、建築、環境、地方行政、法律等々の専
門家と住民とで作る市民目線の協議会を一緒に立ち上げる
べきだ。それほど、流域治水と町づくりは、一体的であり、
多角的、多面的、多重的視点が必要と考えるからである。
球磨川流域地方にとって、水害被害で多くの人々の命が奪
われたが、その尊い命に報いるためにも町づくりにおいて
これほどの建設的機会はまたとないと思うからだ。

② 水害直後の蒲島郁夫熊本県知事の変節
　知事は熊本豪雨直後に、突然、川辺川ダム論議を持ち出
し、生活再建が先という被災住民を困惑の中に落とし込ん
だ。なぜこの時期に、住民が望む生活再建や復旧に向けた
論議よりもダム論議を優先し、それを住民に強い、市長村
長や一部住民、各団体長のみの意見を「良」として採用し、
ダム建設へと舵を切ったのか。生活再建や復旧よりも、優
先してダム議論をしなければならなかった彼の地位に関す
る特別な理由があったからではないか。その理由も明確に、
正直に県民や球磨川流域住民、特にダムに翻弄され続けた
五木村民、相良村民、人吉市民に説明する真摯な態度が知
事には求められる。五木村への１、２回ぐらいの説明とダ
ム対策振興金では、到底、住民の理解を得ることはできな

いだろう。

　なぜ変節したかという記事が令和2（2020）年11月20日熊本日日新聞3面に掲載されたものを、一部転載しておきたい。

　　「私が知事の間は（川辺川ダムの）計画の復活はない」。豪雨災害の被害が明らかになり始めた7月5日、報道陣に球磨川の治水対策を問われ、蒲島はきっぱりと言い切った。

　　しかし、自民党県連はこの発言に気色ばむ。「被害の全容も分かっておらず、まだ人命救助の段階だ。ダムの是非に触れるのは早すぎる」。幹部の1人であるベテラン県議はすぐに県幹部の電話を鳴らし、くぎを刺した。

　　その影響もあってか、翌6日、蒲島は報道陣とのやり取りで、軌道修正に動いた。「どういう治水対策をやるべきか、新しいダムのあり方についても考える」。ダムが治水論議の俎上に再び乗った瞬間だった。

　　その後、ダム建設容認の流れは加速した。（中略）

　　自民も9月県議会などでダムの必要性をたびたび強調し、「決断次第では不信任案もあり得る」との強硬論も一部で聞かれた。

　　「今回は、流域市町村がダムを望んでいる。自民党も（違う判断を）2度は許さないだろう」。蒲島が周囲に漏らすこともあったという。県幹部の1人も「あれだけの被害を受け、何もやらないのは行政の不作為を問われかねない」と心中を察した。

10月、国土交通省が川辺川ダムが存在した場合、人吉市での浸水被害が約6割減少との推定値を公表。蒲島は「ダムなし治水の実現性は遠い」と述べ、事実上ダムを含めた治水の検討に入った。

　ただ、蒲島は民意の把握にもこだわった。10月中旬から住民らへの意見聴取会を計30回開催。10月末に共同通信が報じたダムの是非を問う調査結果も背中を押した。結果は反対がやや上回ったが、賛成者の6割強が豪雨後に賛成に転じていた。「私の肌感覚と同じ。反対一色だった2008年とは違う。民意は動いている」と自信を深めた。（後略）

　水害直後に、ダム賛成・反対の意見を求めると、被災者などは、羹に懲りて膾を吹くが如しの心境ではないのか。この時期がいかにも計算ずくに思われる。

　人の判断基準には、好きか嫌いか、損か得か、正しいか間違っているかの三つがあると思う。私は、特に政治的判断は、後世を意識しながら、正しいか間違っているかによらなければならないと思っている。

　余談であるが、筆者が平成20（2008）年9月2日にダム白紙撤回を表明する前の7月下旬、蒲島郁夫熊本県知事から、発表内容を見せてほしい旨の連絡があった。そこで熊本市まで出向き、発表論文を知事に開示した。閲覧し、原稿を受け取った知事は、「私たちは、同志です」と、固い握手を求めてきたのだが、人吉への帰路、私の心の中には判然としないものが残っていた。それは、筆者の発表の前に知事は、半年もかけて書き上げた私の論文を覗き、原稿

を持ち帰ったことへの違和感であった。重要な判断の前に、自らが研究もせずして、たとえ知事が以前から白紙撤回の考え方と根拠があったとしても、筆者の論文の趣旨を自らの発表の前に知るということは、将来、不都合を残さねばよいがという不安にも襲われたのだが、それが、熊本豪雨の後に、知事が、白紙撤回を再び撤回するという現実となって表れた。

　蒲島郁夫知事は、私の論文を読んだときに、県民受けするか否かで判断したに違いない。つまり、民意に沿うことだけを頼りに訴えたほうが得だと判断したのではないか。そのことが、先の熊日新聞の紙面での発言を裏付けている。つまり損得勘定である。もし、知事が研究者であれば、正しいか間違っているかの判断は、全方位からの研究から導き出された結論を重要視するであろうから、揺るぐはずがない。

　人吉市長であった私が白紙撤回をしてから、10年後、熊本大学大学院社会文化科学研究科公共政策学専攻を選択し、2年間、行政法と政策法務とを学び直し、河川工学についての研究を深めた。ここでの研究でも、ダムによる治水では、命も自然も守れないと、日本と世界中のダムの歴史そのものが証明しているとの結論に至ったのである。あのときの白紙撤回は、まさに正しかったと自信を深めた。

　今日の人吉市、熊本県は、根拠に基づく議論や判断ではなく、損得勘定で、国、県、市が一体となって、住民の意見も聞かず、権力を貫き通すものへとなり下がってしまった。これを政治とは言わない。政略という。商売でさえ、相手良し、自分良し、世間良しという倫理がある。

つまり、熊本には、一点の素心を持つ士が、いなくなったのである。

　しかし、あらゆる政策を途中で180度転換する政治家すべてが、不埒ということではない。研究の成果をもって判断をし、誤りを潔く訂正すればよいのだが、その時々の民意を意識した損得勘定での判断は、容易に自らを変節させる。民意の大方は、世間の事象で変わる。支持率や利権がそうである。いわゆるポピュリズムである。その時々の民意や好き嫌い、損得勘定で政治を行うことになると、政治は腐る。恒久的なビジョンも持たない政治家やそれを支える御用学者たちが、今、まさに、日本の、地方の政治を動かし、利権を求める民間と共謀して、民衆より、彼らの受益者団体や企業だけが儲かればよいという損得勘定で動いている。地方選挙がその最たるものである。仕事や補助金を自分たちにだけに特別にもらえるなど、己の立場や懐さえ守られれば、ダムのことはどうでもよいとか、上部団体からの指示であるから致し方ないとか業界の損得で支援し、是々非々を持たない者たちがいる。

　支持率や利権を意識した政治判断をすれば、もう誰にも止めることはできなくなり、地域に賛成、反対の対立を生み、後世に禍根を残す結果を招く。今、人吉市では1.5mの浸水被害を受けた車道４mしかない中心市街地に５階建ての災害公営住宅を建設する計画で住民たちの間に対立が起こっている。国、県、市がもたらした憂慮すべき事態である。

　20年前もごみ処分場建設問題で、町内が二分された。賛成派のグループは、賛成派のためにつけた新たな町名を冠

した公民館の建設や雇用などにより様々に優遇された。何のいさかいもなく同じ町内で平和に暮らしてきた住民たちが鋭く対立し、子どもの登校も別々、小学校の運動会も二つに分かれたテントでの観戦となるなど、混乱が続いた。今日でもその対立は根深く続いている。行政の利権が絡んだ公共施設建設問題での分裂だけに、市政を担う者たちにとっては、その責任は極めて重い。行政の目的や存在意義、哲学や倫理、自治法を学び直すべきだ。

　今や日本は、瑞穂の国の八十島の白砂清松が消え、山から海まで自然環境が破壊され続け、山、川、海の自然の循環機能が失われつつある。浜は、消波ブロックの海岸となり果てた。

　どうする！日本を。心ある政治家たちよ。

　さらに、アベノミクスでは、大企業や資産家は優遇されたが、一般国民には絶えず増税の機会をうかがい、年金は目減りするだけだから死ぬまで働けよ、医療費が上がるだけだからゆめゆめ病気にはなるなよ、個人情報はすべてマイナンバーカードで国が把握しているぞと、庶民いじめや監視国家をも目指しかねない状況だ。このように、国も地方も金銭で購うことができない自然を破壊し、国民の心と命さえ奪いかねない令和の時代と相成った。

③　中心市街地の復興計画と山田川氾濫対策

　先に述べたように、人吉市だけに限って言えば、中心市街地に最初に被害をもたらした洪水は、山田川からの洪水被害である。球磨川からの水害被害は、球磨川の堤防越水を受けた球磨川沿岸地域であり、中心市街地の右岸地域は、

地域内水と山田川からの洪水被害と二次的に球磨川堤防越水のダブル被害を受けている。川辺川にダムを造りさえすれば、被害は6割軽減できるとの国土交通省や角哲也氏の発表は、山田川の濁流被害を計算には入れていない。まさに正鵠を射ぬものである。また、県は、不作為を恐れるならば、山田川流域の治山治水こそ急務ではないか。

　令和4（2022）年5月20日に人吉市役所で開催された紺屋町被災市街地復興土地区画整理事業（案）に係る説明会では、九日町、紺屋町住民には驚くべき計画案が示された。それが先に述べたように山田川の打ち出し口に架かる出町橋から上流300m、三条橋までの左右岸の堤防を現在のパラペットまで嵩上げし、3m堤防道路を6mに拡幅し、それに掛かる宅地等を買収し階段状に嵩上げし、その後に住民には自主再建、自主移転を迫るというものである。住民からは「たかだか300mの堤防を嵩上げ拡幅して何に使うのか」「拡張された堤防ができれば、無断駐車場となるばかりだ」「堤防周辺の土地だけ嵩上げしても越水した水は、私たちよりほかの低地の被害を増幅するだけだ。さらに命の危険が増す」「山田川全体の治水対策はどうなっているのか」「県の河川課長を同席させてほしい」「6m道路を作り緊急車両道路とするというが、今の3mのままでいいので、その分、川幅を広げてほしい」「私のところは、この計画でどれくらいのところまで水位が下がるのか」「年老いた祖父母が、早く元のところに住みたいと言っている。簡易な建物でも建てられないのか」など、様々な意見が述べられた。6月20日には、都市計画審議会を開くとの当局の意思表明があり、この説明会の後、町づくり協議会を作

り審議していくと言っていた。しかし、その選ばれた民間委員のメンバーは、紺屋町内の利害関係者は3名のみで、隣接町内の委員が選ばれるという、県や市にとって誠に都合のよいメンバーだけを任命するという構成となった。例えば、堤防隣接宅地を嵩上げすれば、新たになべ底となる利害関係者の意見は、今でも無視されている。地方自治法務の原則である平等の原則や補完性の原則から大いに逸脱した前近代的な人選であった。この後、市は反省しているとして一部の穏やかな紺屋町住民の追加任命はあったが、新たななべ底地区となる住民の参加はとうとうなかった。

　一方、松岡隼人市長は、この20日も冒頭、挨拶をしただけで、公務のためと退席したが、これまでの町づくり懇談会や住民説明会にも挨拶だけで、公務のためにという理由でほとんど参加していない。市長は不埒な態度を取り続け、水害に打ちのめされ、将来に不安を抱える市民の生の声を聞こうとは、ついぞしなかったのである。市民の質問に答えても「私には分かりません。私の一存では決められません」と言うだけで、「市長は何も答えない」と懇談会に参加した人たちのほとんどから聞こえてきたことがある。

　令和4（2022）年5月23日、私は熊本県から出向している復興建設部長に、「山田川の氾濫こそ、中心市街地被害の元凶である。山田川の河川整備計画をいち早く示すべきではないか」との持論を述べたが、部長は「県の河川課に伝える」とにべもなかった。その後、私たち住民の再三にわたる要求に、県の河川港湾局長、熊本大学准教授と、抜本的な山田川治水対策を話す協議会を一度だけ開催した。しかし、当然のごとく、平行線に終わった。蒲島知事は、

川辺川にダムを造ることには不退転の決意を示したが、山田川の河川整備は、わずか300mほど堤防を拡幅、パラペットまで嵩上げするという水害対策にもならない計画だけに終わりそうだ。

　また、この局長とのやり取りで山田川の下流、中流、上流の総合的な河川整備をはじめとした流域の治山治水には、ほとんど関心がないことが判明した。局長は、私たち住民との協議の中で一貫して、山田川の具体的治水対策案として山田川流域に30年かけて田んぼダムを造ると説明した。今回の被害流量と比較しても減災対策にはなっていない。つまり県は山田川流域の減災対策を持たないということになる。30年の間に、また大洪水がくる。不作為の責任はだれがとるのか。

　なぜここまで、県は山田川に関心がないのか。それは、山田川流域において、抜本的に治山治水対策をやろうとすれば、県の山田川に対するこれまでの不作為を認めたことになるからである。また、局長は、驚愕以外の何物でもないことをこの場で述べた。いわく、「破堤した堤防が修理できないまま、再び同じ雨が降ったとしたならば、どうするか。水防団や地域住民でいち早く土嚢を積むことだ」と。まさに河川管理者の立場を忘れ、被災者を蔑ろにした発言である。国土交通省から熊本県に出向してきた若きエリートであろう局長は、災害対策基本法第1条さえも知らない無責任な相手であるという事実が、このとき、判明した。このような局長との協議は、まず、条文の解説から始めなければならず、これが今の国交省のレベルかと思った。これも県の作戦か。

山田川は、いずれまた、必ず大水害を引き起こす。流域
住民は、前日避難を徹底せよ‼

　しかし、県が何と言おうとも、球磨川水系の各支流ととも
もに人吉地点においての球磨川支流である山田川、万江川、
胸川等の各支流の治水対策を急がなければならない。この
支流対策こそが、越水被害や氾濫を軽減するからである。
支流を管轄する熊本県は、まず、支流対策に着眼し、豪雨
時に洪水調節を行うダム以外の河川掘削、分流水路、堤防、
橋脚の嵩上げ、遊水池など、今すぐやれる洪水対策から着
手すべきである。洪水時に山からの流木等が堰を作ること
を考えれば、山に抱かれて流れる支流対策の遅れが、今回
の被害を助長した原因の一つといえる。この山田川の減災
計画があって初めて市街地の町づくりが始まる。

④　昭和40年7月人吉水害を繰り返さないための対策案
　　―ダムかパラペット嵩上げか―

　昭和40（1965）年7月人吉水害時の河川氾濫では毎秒
5,700㎥もの水が球磨川の人吉地点を流れた[1]。今日の人吉
地点の河川環境（河川拡幅、堤防嵩上げ、河床掘削等強化
済み）に置き直してみると、現在の堤防道路から堤防のパ
ラペット天端までの高さは80cmなので、その35cm上を流れ
たこととなる。これを踏まえると、理屈の上では80年に一
度の水害を防ぐためには、現在のパラペットをあと50cm嵩
上げして、1m30cmとすれば、ダムを造らなくてもよいと
いうことになる。

　人吉市区だけが水害から免れればよいということではな
いが、球磨川河口の八代市から人吉市に最も近い球磨村渡

地区までは、河川拡幅、堤防嵩上げ等の新たな治水対策（ハード対策）が着々と進み、平成20（2008）年には、いよいよ人吉地区の対策の時期となっていた。

　平成27年2月3日に、国、県、球磨川流域関係市町村長が集まる第12回「ダムによらない治水を検討する場」が、熊本市で開催された。この会議に臨む前に、当時の八代河川国道事務所長が事前に筆者の発言内容を把握するため、人吉市長室にやってきた。その際、パラペット嵩上げ論を提案したところ「パラペットは堤防施設ではない。波返しであって洪水防止施設ではない。堤防施設の構造令にも書かれていない。波返しを堤防構造として書き直すならば、国土交通省の後の人々たちにも困惑が広がるのではないか」と、省益だけを考えた返答をした。

　そこで筆者は、市長として以下のように反論を行った。

　「普段、人吉地点での球磨川においては、川はパラペットの天端から7〜8m下を流れている。よって増水したときでなければ、転落防止以外、波返しの役割はない。それではいつ波返しの効用があるのかということになるが、パラペットは『波返し』の名の通り、洪水防止施設であり、堤防に敷設してある以上、堤防の一部であると認めざるを得ないのではないか。構造令を見直す良い機会とし、洪水対策の安価な選択肢が生まれることとなるのではないか」。

　災害対策基本法は、国民の人命尊重を第一に謳う。そこでダムという莫大な投資をせずとも、水害常襲地帯であった中心市街地の右岸4kmほどにわたり、パラペットを50cm嵩上げするだけで、80年に一度の水害は防ぐことができる。どちらの議論に流域住民は賛成をするかということだ。住

　民は、莫大な費用のダム建設よりパラペット嵩上げのほう
がはるかに安価であり、豪雨時にいつ洪水が堤防から越水
するか分からないという危機感を日常的に持つことにもな
り、それは、事前避難につながる。
　また、私が人吉市長を退いた後の平成28（2016）年12月
27日付人吉新聞によると、12月26日に人吉市で開催された
「球磨川水系治水対策協議会」の中で、人吉市は「ただ今、
市は景観条例を策定中であり、そこで実施した住民アン
ケート調査によると城址等の球磨川沿いの景観を尊重する
意見が多く出されている。特に堤防嵩上げは最大で１m30
cmとなり、視界を遮るため実際に事業化するには、景観上
のコンセンサスを得られるのか危惧する」と発言した[2]。
　このことについては、次のように反論する。堤防を1.3
m嵩上げするのではない。現在のパラペットの天端までの
高さが80cmであり、そこからパラペットを50cm上げて、パ

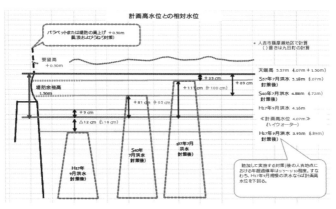

図1-3-2　計画高水位との相対水位

ラペット自体の高さを1m30cmにするのである。大人の背丈であれば堤防道路から十分に川を見下ろすことが可能であり、景観は損なわれない。

観光地の一つである宮崎市の大淀川沿いのマンション街の例でも、大淀川が天井川となっており、右岸に林立するマンションの1階からは嵩上げされた堤防しか見えない。宮崎県は景観を無視したのではなく、観光立県を目指す宮崎県においても大淀川がマンション1階から見えなくなることを危惧したのでもなく、堤防を嵩上げすることにより減災と命を守ることを大切にしたと考えるべきである。

因みに、熊本県知事と私は、パラペットの嵩上げについて「左岸は城址となっていて石垣が約500mにわたり美しい景観を示しているので、右岸の市街地の堤防も石垣にしてパラペットは白塀としよう」とも協議し、景観に配慮していた。パラペットは、ダムと比較して、すこぶる安価で水位の状況を確認することもできるし、それにより危険を察知し逃げることもできる。パラペットぐらいでは、治水の動機付けと達成感は得られないのだろうか。

[注]
1 球磨川治水対策協議会 説明資料 【昭和40年7月洪水の概要】」2頁〈https://www.qsr.mlit.go.jp/yatusiro/site_files/file/activity/kaisaisiryo/150707shiryou1.pdf〉
2 『人吉新聞』2016年12月27日。

⑤ 復興事業を遅らせているもの

令和5（2023）年9月現在、豪雨災害から3年2カ月を経たが、中心市街地もほとんどが空き地のままで、雑草に

覆われた現状がある。

　なぜか。一つ目に、水害時当初、下青井地区を含めた中心市街地周辺に、道路拡張や新設のためという理由で、鉄骨、鉄筋コンクリート造の建造物の建設を2年間制限したためである。このことは、いち早く商売を始めたいという人々の復興の気持ちをそいだ。しかも、この2年の縛りは、被災商店の収入のあて先も失わせた。この建築制限は、松岡隼人市長が自ら陣頭指揮をとらず、熊本県に道路拡幅や新設、区画整理事業を少しの意見も挟まず丸投げしたことが、原因となっている。つまり、県だけが主導権を握ったことが町づくりの混乱に拍車をかけている。例えば、県が主導する山田川吐き出し口付近の300mにわたる堤防拡幅、嵩上げ案と、市主導であるべき山田川吐き出し口周辺1.2haの嵩上げ案とが一体化して提案されたことである。本来、県の事業と市の事業を切り分けながら連携を図らなければならない事業であるべきだ。ここから、人吉の復旧案が、熊本県から出向してき復興建設部長をフロントとして、一部住民の意見は無視し、賛成する住民だけに戸別訪問を実施し、「早くせんば」というお題目を吹き込んだために、反対住民の心はさらに冷え込んだのである。

　このようにして、県主導の押し付けが、一部住民を苦しめている。このことを私が批判すると、ある県議は、「国、県、市、一体となってやっているので批判しないでいただきたい。全国から応援の職員も来ているのだから」と、私も参加した紺屋町会館改修お披露目会での来賓挨拶で、声高に、私に注文を付けた。招かれたお祝いの会場で場違いの発言をするということは、いかに、権力を笠に着た、独

りよがりの余裕のない発言かがよく分かる出来事であった。また、地元の代議士も別の水害復興お披露目会で、同じように場違いの政治的発言をして、失笑を買っている。

　二つ目に、その制限の理由とした根拠が、熊本大学教授の柿本竜治氏による輸送路と避難路の確保という提案である。下青井地区の国道445号の400mほどの拡張は、以前、住民の反対で拡幅が途中で終わってしまい、50年前からの宿題として取り残された道路である。この課題を今回の水害で解決しようという試みは理解できる。しかし、輸送路として拡幅すべきという道路は、地震と違い水害被害であるだけに復旧可能な家々が連なっている。もちろん、この際、売却してより安全な土地に移りたいと望む人々もいる。また、木造なら建築可能ということで、道路よりセットバックして早々と復興を果たした店もある。

　しかし、問題の一つは、以前の拡張事業から取り残された道路沿いには、市長の近親者が多数所有する土地があり、それを拡張するというものである。また、この地域は、中心市街地の中で一番低いなべ底の土地である。さらに、この道路は日常的に渋滞を起こす箇所ではなく、また、モータリゼーション時代でもなく、もし、ここに輸送道路を確保するのであれば、青井阿蘇神社の前を走る国道445号より、神社裏にある国道445号の2倍の広さがある市道と付け替えすれば、済むことである。この市道は、そのまま西に直進すれば2分もかからず国道219号に直結する道路である。水害発生当時、出勤時間帯の始まりと重なり、各地の道路が車両により一部混雑はしたが、逃げ遅れた人はいない。道路混雑の理由は、道路が冠水して通行不能となり、

引き返す人がいたためである。さらに6m道路を新たに避難路として、山田川吐き出し左岸の横西町（現・紺屋町）から東に避難路を通すというが、避難路が狭くて逃げ遅れた人は一人もいない。

　ある市民は、この道路拡張や新設道路策に、滑稽なことを述べて見せた。いわく「国道445号の拡張や6m新設避難路を造るというが、水害時に新たに一級河川を作るだけではないか。誰のための、何のための道路拡張、新設なのか」と。

　輸送道路といえば、県道駒井田町交差点の肥薩線路をアンダーパスで交差させている地点を、一日も早く平面交差にすることが、市内と人吉インターを結ぶ最も大切な輸送道路の確保手段となる。その理由は、このアンダーパスの浸水で、人々は避難所への行く手を阻まれた上、その水抜きにもかなりの日数を要し遅れが生じていたため、中心市街地と人吉インターを双方向に結ぶ輸送、歩行通行幹線道路として利用できなかったからだ。この市民生活に欠かせない輸送、避難通行に大切と思われる平面交差への改良こそが急務である。

　さらに、私の根本的な疑問は、人吉の中心市街地再建に、なぜ、区画整理事業を持ち込まなければならなかったかということである。建築制限とともに生業再建を遅らせるだけである。区画整理事業は、かなりの年月を要し、その挫折は全国にあまたあるのにである。

　商店街の水害復旧を土地区画整理法に基づき実施しようとすれば、復旧は遅れ画一的な町になるだけだ！

⑥ 県、市による水害後の町づくりの手法

　水害後、いろんな御用学者や官製コンサルタントが、人吉に入り込んできた。彼等は、市民、住民の意見に親身にならない、耳を貸さない、自らの町づくり経験を延々と話すか、こっそりとやってきて、壊れた水位計を見てこっそりと帰る。

　水害後の商店街町づくりであるならば、まず、山田川の河川整備計画が必要不可欠である。これが土台となる。それを踏まえたうえで、駐車場が遠く、利用が少なくなっていた商店街にとって、買い物客の利便性を図るための身近な駐車場が必須と考える。「それは別の場所で考える」と、県から出向してきた復興建設部長が、俯瞰的な計画も示さず、その場しのぎの返答をした。寂れていくばかりの中心市街地の切実な思いが分かっていない。いや、区画整理事業の法的諸条件が逆に町づくりの足かせとなるのである。また、熊本大学土木系准教授は、区画整理事業に対し、「もう、決まっていることだから」と、住民無視の本音をつい漏らしたことがある。また、あるコンサルは、自らが携わった火災後の糸魚川の町づくりを自信げに話していたが、人吉は、人災による火災の被害を受けたのではなく、自然災害の水害なのである。水害レジリエンスを考えた町づくりの提案が必要なのだ。彼が携わったという糸魚川駅北は、「火災後、防火のための空間や道路、雁木歩道、お店も奇麗にはなったが、駅南側の量販店を核とした官公庁街区に押されて、寂れる一方であった中心市街地に、今も消費者は取り戻せていない」と、地元の商店主が嘆いていた。ここも利便性の高い駐車場が以前から不足したままだ。私は、

水害レジリエンスの中に城下町の風情あるヴィヴィッドな
街づくり案が欲しい。関東大震災後は、飛び火からの火災
を軽減し住民の命を守るために、学校の運動場も含めた避
難公園づくりを推進した。火災と水害の防護策とは、おの
ずと違う。

　区画整理事業法では、画一的な基準によりその町が持っ
ていた雰囲気を一気に壊してしまう欠点がある。道路幅員
は、６ｍ以上、公園面積は対象地区面積の３％以上など
である。そこで、公園として、熊本県立大学教授島谷幸弘
氏は、国土交通省が提案していた「雨庭」という雨を地中
に浸透させる公園を提案している。この雨庭は、どれぐら
いの年月をかけた実証実験に拠る提案か。昔、浸透性の舗
装がはやった時期があった。地下土質の構造にもよるのだ
が、この浸透性の舗装は、場所に拠っては、30年から40年
の間に、地下に偏った水脈や空洞ができ、土が膿んだり陥
没したりする。果たして有効か。まして、庭や公園を作り、
水害の時は、災害ごみ置き場にするとも言う。飲食街にあ
る雨庭公園は、日常的に格好のゲロの吐き捨て場、男性用
のトイレと化すことだろう。

　また、誰が毎日清掃をするのか。水害時に高く積み上げ
られた災害ごみを誰が片付けるのか。水害直後、他人の土
地に勝手にごみを捨て、うずたかく積み上げられた災害ご
みと悪臭を撤去するまでに、どれだけの時間と労力を要し
たかご存じか。むしろ、緑の中にある駐車場こそ必要であ
る。このように、土地区画整理事業には、全国、金太郎あ
め的な画一的な町づくりとなってしまう欠点がある。

　国、県や市、あるいは民間が主導する区画整理事業の中

には、町や生業破壊であったことを証明する例が、各地にある。まさに、町づくりではなく、町壊しである。卑近な例では、熊本地震後に県が介入し、7年経った今も道路拡張事業が一部滞る益城町がある。益城町でも、区画整理事業地区と土地買収地区とに分けられた結果、その違いは物議をかもしているし、もとの場所で生業再建ができなかった人々が苦しんでいる。県や学者の土木関係者は、口が出せるところには、土地区画整理事業とともに、道路新設、拡張をいう。区画整理事業は、換地、減歩があるだけに難しい問題を孕んでいる。しかし、反対住民の声は無視する、賛成者ばかりを戸別訪問して洗脳する。このようにして、すべての住民とともに考え抜くという作業を怠る。県が計画した案を押し付けるようでは、血の通わない町壊ししか念頭にないと言われても仕方ない。住民は「町残し」を考え、一日も早い生業の復旧を願っているだけなのである。このように、土地区画整理事業は、住民同士が賛成、反対に別れ、地域住民のコミュニティの崩壊も招くという、もう一つの欠点がある。

　新地ならいざ知らず、土地区画整理事業が紛争により最高裁まで上告された例がある。例えば、静岡県浜松市の遠州鉄道上島駅周辺土地区画整理事業など、どこでも大なり小なり多数の紛争例が起きている。

　町づくりは、古いものを大切にしながら、自然発生的な粘菌の活動のように広がっていく町が一番栄える。

　熊本地震後の熊本市のように、道路にこだわらずに、いち早く民間の復旧を力強くサポートする方法が、経済の回復力も早いし、復興も早い。

　私も参加した令和4（2022）年12月16日の中心市街地区画整理事業最終説明会のとき、市の説明者が、「新温泉界隈1.2ha に付帯する山田川堤防を、山田川吐き出し口の出町橋から300m上流の三条橋までの堤防を拡幅し、パラペットまで嵩上げするとともに、堤防に隣接する宅地も階段状に横西町通りまで嵩上げする」という説明に、「そこの宅地を嵩上げすれば、東側の横西町から十軒町界隈までの間が新たななべ底になる。ここは、先の浸水より深くなることが考えられ、命の危険が増す。土地の下落も予想される。このことは、誰が、どのように責任を取るのですか。市長さん」と、筆者が質問したところ、市長はただ復興建設部長の顔を見るばかりであった。

　次に、青井阿蘇神社周辺の道路拡張問題と区画整理事業である。水害から3年経った今も区画整理事業で移転を余儀なくされている住人や店舗の行き先も決まっておらず、彼らは、不安を抱えたままの生活を強いられている。郷土史家も首をかしげるような神社の故事を持ち出して、球磨川河畔に船着き場を設け、その界隈を新たな門前町にするという計画である。果たして、新規の門前町は、歴史的にも、賑わい的にも正解か。

　また、青井阿蘇神社周辺の道路拡幅問題はこれだけではない。令和4（2022）年11月に降って湧いた出町橋西詰から神社鳥居の正面入り口へと向かう国道445号の拡幅問題であり、さらに、今年の1月に唐突に出てきた神社裏の市道の拡幅問題である。何の目的、何の意図があっての拡幅か、おいおい明らかになって来るだろう。これらの道路拡幅事業でも、沿線住民の不安は深まるばかりである。どう

して、水害からの復旧を終えたばかりの沿線の商店街に拡幅、移転を迫るのか。なぜ、神社周辺だけを拡幅の対象としているのか。またもや、ここでも、訪ねてくる県職員の住民への説明は強い口調であり、しかもその説明が二転三転している状況下で、町壊しが行われようとしている。

　このような中、またもや唐突に新たな火種が、令和5年3月30日に人吉新聞1面で発表された。中心市街地を形成し水害で1.5mの深さまで被災した九日町や大工町に、5階建ての被災者災害公営住宅を建設するというのである。住民説明会もなく、九日町、大工町住民にとっては、突然、降って湧いた寝耳に水の話である。

　昔は人吉銀座通りと呼ばれた大工町通り周辺に、車道4mしかない狭い道路環境の中で、九日町と大工町の町内に1棟ずつ5階建ての災害公営住宅、2棟合わせて44戸を建設するという案だが、ほかの道路拡幅案件同様の問題を県、市は抱えることになるであろう。人吉市は、1回目の住民説明会を業者任せにして、市主催の説明会を開こうとはしなかった。市の発言内容に虚偽もあり、住民に代替案を出せなどという本末転倒な発言も加わり、大変な怒りと物議を周辺住民に与えてしまっている。またしても、賛成、反対によるコミュニティの崩壊が始まろうとしている。

　行政の目指すところは、住民福祉である。行政の一方的な計画を地域住民に押し付け、人吉七町城下町構想や景観条例も無視、いや、公営住宅法やその基準、人吉市営住宅等の整備基準を定める条例に照らし合わせても違法である。その根拠は、市条例の第7条と第8条にある。第7条では「災害の発生のおそれが多い土地及び公害等により居

住環境が著しく阻害されるおそれがある土地をできる限り避け」としている。非浸水地区の提案も２通りあったと聞く。なぜ、最大浸水10mの土地に建設を考えたのか。第８条に「敷地が地盤の軟弱な土地、がけ崩れ又は出水のおそれがある土地その他これらに類する土地であるときは、当該敷地に地盤の改良、擁壁の設置等安全上必要な措置が講じられていなければならない」とある通り、ピロティ方式で対応したと市は言うが、最初から非浸水地区が二つ提案されているにもかかわらず、なぜ浸水地区を選んだかについて市の説明は、市街地活性化としか言わない。ピロティ方式は地震には弱い。中心市街地に５階建てはそぐわない。「条例第８条でちゃんと対策をとっているではないか」と論点ずらしの市議会議員もいるが、条文は上から十分条件とすべきである。５階建てとしても最大10mの水が来る大工町周辺では、４階まで水没することになる。なぜここなのか。中心市街地の狭い２カ所の土地にピロティ方式をとらずとも、最初から非浸水地域の提案が二つも出ているではないか。

　また、業者選定も提案型方式を採り、市長が指名した３名の審査委員が密室協議し、最高額を示した業者に落札させるという住民無視の随意契約である。国は浸水の恐れがある地域にある公営住宅には補助金を出して移転を後押ししているにもかかわらず、選定審査項目に、浸水地域、非浸水地域の判定項目もなく先の水害で1.5m浸水した場所が選ばれている。地域コミュニティの項目は、地域を訪ねたことも住民と面談したこともない審査委員が、選定された業者には３名全員が10点満点を付けたり、民間の２倍に

当たる1戸当たりの建設費が約2,200万円、土地購入費も地価公示法によらず隣接の民間売却希望価格に合わせるなど、極めて疑問が残る結果となっている。また、情報公開請求に対する回答では、3名それぞれの点数配分も黒塗りで、情報公開条例を盾に開示しないという徹底ぶりである。これでは比較検討のしようもなく、住民が納得しないのは当たり前である。

　市長や副市長、審査委員は、審査以前に、どこの応募者がどのような内容の提案をしているか提出した書類を事前に読み込んでおり、しかも審査会は密室で行われ、肝心な部分は公開しないとなれば、市民は、疑惑を抱かざるを得ない。このほかの二つの提案は非浸水地域であり、住みやすい市の指定校区である。価格も1億円から2億円近くも安かったと聞く。なぜ建設費が最高値の浸水地区を選んだのか。このプロポーザル方式と包括協定方式は、松岡市政の2期8年間、実に多用されていて、松岡隼人市長の取り巻きに利権を与えるときの格好の温床となっているのではないかと危惧している。

　中心市街地の住民を賛成、反対の渦に巻き込み、すでに住民には、分断が生まれている。これをある市議会議員は「反対派が政治問題化している」と言うが、これを政治問題化したのは誰かと問いたい。今回の提案こそが、市長と県議が招いた政治問題なのである。市民の幸福向上を願う行政のやることではない。

　今回、このように災害公営住宅という迷惑施設でもない公共施設の立地、土地、規模、予算等の是非により、中心市街地住民が賛成、反対に分断され、いがみ合いが続こう

としている。市長は、20年前と同じように、住民同士が再びいがみ合う町は、作らないでいただきたい。市長の使命は、住民の生命、財産を守ることと、市民が穏やかに心豊かな市民生活を味わうための環境づくりにまい進することである。

　人吉市は地域再生計画を「みんなが幸せを感じるまち。ずっと住み続けたいまち。ひとよしプロジェクト」と名付けている。今、市長は、真逆のことをしている。これまでに住民の要望により4回の説明会を実施したが、その一方で、アンケートと称して市の主張だけを説いて回り、とにかく賛成してくれるようにと署名を求めた。説明対象もいい加減であり、示されたアンケート結果の数字も分母を少なくすることで分子を大きくする（アンケートに答える住民を厳選する）工夫をするなど、到底容認できるものではなく、市民からこれらの点を指摘されると、あっさりとアンケートの体をなしていないと認めるほどのお粗末さを露呈した。市長は、7月28日の第4回説明会を最後の会とするとし、3,000名に及ぶ多くの市民の水害被災地建設反対を無視し、建設を強行実施すると宣言した。市民全体の奉仕者として、市民幸福向上を図る責任が市長にはあるが、なぜこれほどまでにこの案にこだわるのか。今、市民は建設予定地の土地の履歴に関心を寄せている。

　このような中、またしても由々しき事態が起きた。九日町・大工町に建設予定の災害公営住宅の白紙撤回を求める市民379名が、同事業への予算執行の差し止めを求めて令和5（2023）年9月6日に行った住民監査請求を、人吉市監査委員会は9月11日に却下したのである。市監査委員は

「まだ事業の予算を執行しておらず、監査の対象にはならない」と判断したそうだが、実質3日での却下は極めて異常なことではないか。

　今回の請求内容は、議会において全員一致で可決している土地取得と建設予算に対してであり、事業費が執行されていないことを理由にした却下という判断は法律上の常識を逸脱していると考える。

　この結果は、再び、市民同士の分断を招きかねないものであり、監査員たちにより政治問題化されたと言わざるを得ない。

　しかし、見方によってはこの却下は、監査委員たちによる大変ありがたい差し入れなのかもしれない。

⑦　川辺川ダムの第3の原因といえる政治的課題

　川辺川の洪水調節において、穴あきダムを造るとすると今回の水害被害を軽減できるという国交省や京都大学防災研究所の角哲也教授が断言する報告は、まともに信じ難く、まずは、その根拠を示すべきである。もし、川辺川に穴あきダムが造られたとなると、千年に一度の豪雨のとき、市房ダム、川辺川穴あきダムの両方からの洪水調節の名のもとに長時間大量放流される洪水は、いかほどのものになるのか。それにより、川辺川吐き出し口周辺や川辺川下流域ではどのような被害状況が予想されるのか、つまり、同時放流による川辺川下流域が被害を受ける速さと範囲、浸水の深さの程度を示す必要があるのではないか。二つのダムからの同時緊急放流により、下流域の水害地域は、これまで以上の打撃を受け、被害が深刻になることは容易に想像

できる。千年に一度の洪水が発生したとき、両ダムからの
洪水調節量は、いかなるものになるのか、シミュレーショ
ンを示すべきである。また、今回の市房ダムの最大放流量
と時間は、毎秒650㎥×60秒×480分であった。川辺川穴あ
きダムからの放流量と時間は、どのように予測されている
か。例えば、市房ダムからの放流は今回と同量、同時間と
して、川辺川穴あきダムは毎秒500㎥として480分の放流と
仮定し、川辺川吐き出し口から下流においては、どれくら
いの流量となるのか、その結果、下流にはどれくらいの被
害軽減ができると計算しておられるか、国と角教授にお伺
いしたい。

　また、川辺川穴あきダムを国に要望した知事は、命を守
り、自然環境の両方を守るという穴あきダムによる緑の流
域治水を国の最新の技術と知見を集めて建設をと要望して
いる。さらに知事は以前の発言の通り、川辺川や球磨川は
地域の宝となることは揺るぎもないともいう。果たしてそ
うか。私と当時の企画職員４名は、平成20（2008）年６月
に西日本各地のダム見学とともに各ダムの上流、下流の流
域住民の声を聴く機会を持ったことがある。特に平成20年
以前から穴あきダムも検討はされてきた経緯もあり、私た
ちは、島根県益田市益田川上流にある益田川ダムの視察に
も赴いた。そこでの住民たちの主な意見として、「ダムの
上流、下流とも淵が堆積土砂で埋まり、魚が棲まなくなっ
た」との証言を得た。つまり鮎をはじめ魚類が姿を消した
という。知事は、穴あきダムであれば命と自然は守れると
言い切るのだが、その根拠や事例は示していない。是非と
も知事は根拠を県民、球磨川流域住民に示すべきである。

また、知事は国土交通省による環境調査を環境アセスメントと同等のものとして依頼したが、環境アセスメントとは、第三者による調査が実施されてこそのことである。

　知事は平成20（2008）年とは違い、「堤防嵩上げは、下流等の被害を拡大する危険性があるので実施できない」と繰り返しているが、それでは再び知事にお尋ねしたい。千年に一度の雨が球磨川流域全体に降り注いだとき、市房ダムと川辺川穴あきダムから放流される洪水により、川辺川下流域の被害はいかほどに軽減されるのか。

　水害被害軽減策は、まず、山を源とする支流の上流、中流、下流を俯瞰的に眺めながら進めるべきではないのか。球磨川流域全体の住民の命を守ることこそ災害対策本部長である知事の使命である。水害を軽減できるという国や角教授同様、その根拠を示していただきたい。

　角哲也教授は、令和元（2019）年に発行された京都大学防災研究所年報第62号Bにおいて、高田翔也氏とともに執筆した「ダム常用洪水吐ゲートの機能低下に伴う洪水リスク評価に関する検討」の中で以下のように述べている。

　　　主なダムの構成要素としては、堤体と放流設備が挙げられる。放流設備には、洪水吐き、取水設備等があり、ダムの治水及び利水面の機能を規定している。（中略）建設時に想定された外力に基づいて設計された放流設備にとって、気候変動に伴う将来の雨量分布及び規模の変化や、経年的な貯水池の堆砂進行は、ダムの目的を確実に果たす機能確保の上でのリスク要因である。近年、実際にこれらのリスクが顕在化した事例は

国内外で数例報告されている。

　米国カリフォルニア州の Oroville dam では、2017年2月に洪水調節中の常用洪水吐きのシュート部が損壊し、非常用洪水吐きも正常に使用できなかったために、ダム下流への放流量が増大する懸念が生じ、多くの下流住民が一時避難する事態となった。（中略）

　一方、国内においても2017年8月に長野県の裾花ダムにおいて、洪水調節中の2門の常用洪水吐（コンジットゲート）のうち1門がおよそ4ヶ月間開閉不能となり、常用洪水吐1門のみでの洪水調節が行われる事態が生じている。ゲートが操作不能となった原因として、堆砂が常用洪水吐の設置高さにまで進行し、ゲート開操作時に流出した土砂と沈木がゲート開口部を閉塞させたことが考えられる。最終的には、ゲートの直上流部における堆砂を掘削し、予備ゲートを閉じることで、閉塞した堆砂及び沈木を除去するに至ったが、ゲート閉塞がもたらす洪水調節上のリスクが課題となった。（中略）

　現状リスクマネジメントの枠組みの無い日本においては、各事例のリスク要因と発生確率、リスク発生時の影響度について体系的な整理を行う必要がある。

　つまり、流水型も含めて、ダムは必ずリスクが伴うものであり、そのリスクとして堤体劣化、ダム湖周辺の崩落、湖底環境、ダム湖と放流設備周辺の土砂等の堆積状況などが考えられる。角氏らの論文では、放流設備にかかわることと洪水吐きゲートの堆積物による危険性を明確に論じて

いる。また、穴あきであれば吐き口は常時ダム本体の底部にあるわけであるから、いずれかの洪水時に、閉塞する危険があることを認めていることにもなる。知事と角氏は、穴あきダムも危険なダムであることを承知の上で、川辺川に生息する絶滅危惧種やほかの動植物を死滅させ、広域にわたり自然環境を壊してまで、なぜ、流域住民にダムを強いなければならないのか。再び問う。その合理的理由と根拠を述べる重大な責任が両氏にはある。

また、コンクリートをどれほど川辺川重力式穴あきダム建設につぎ込むかは現在のところその正確な規模が示されていないので分からないが、コンクリートを製造する過程で発生するCO_2の排出量も莫大な規模になるに違いない。因みにセメント１トンを製造するに当たり発生するCO_2は、約770kg といわれている。ダム建設は、気候変動の一因をつくることにもなる。

まさに、ダム建設とダムそのものは、地球温暖化防止に逆行し自然環境を破壊し、絶滅危惧種の九折瀬洞内の生物たちまで地球上から消し去る。また、洪水調節の名のもとに長時間、大量の雨水を市房ダムと川辺川流水ダムの両方から球磨川に放流することとなれば、さらに川辺川吐き出し口下流に、熊本豪雨より甚大な水害被害をもたらすことは明白である。なぜなら両ダムからの放流により川辺川下流の球磨川本川水位はさらに上昇することは確かであるし、各支流の下流堤防越水を短時間のうちに引き起こし、避難のための時間さえ失いかねないからだ。

⑧　五木村での知事によるダム転換後の住民説明会

　第1回の住民説明会が、令和4（2022）年6月5日に五木村の2カ所の会場で、蒲島知事も出席して開催された。そこで蒲島知事は「清流川辺川と流水型ダムを生かした新たな振興」「医療・福祉・教育の推進」など四つの方向性を示し、具体策のイメージとして、工事中を含めたダムの見学ツアーや自然を生かしたイルミネーション、ドローンを使った買い物支援を盛り込んだという。知事の説明に対し、住民からの意見は「知事は、村や村民の意見を聞かず、一方的にダム建設を進められても困る」「ダム湖のない流水型ダムが本当に観光振興につながるのか」「ダムとセットの振興策か。50年もダムに翻弄されてきた五木にとって、地域振興は、当然のことだ。ダムとセットの条件でやることは、あまりにも馬鹿にしている。金で買収する気か」「貯水池のあるダムは村議会で認めたが、穴あきは認めていない」などである。

　さらに同年11月30日に人吉市で開かれた、国土交通省の「川辺川の流水型ダムに関する環境影響評価方法レポート説明会」に出席した。これまでに五木村、相良村をはじめ八代市泉町、人吉市で開かれているが、なぜか国は八代市を除外している。人吉市での説明会では、流域住民や全国の識者たちが驚愕する提案が国交省からなされた。

　なんと穴あきダムの設計図がなくとも環境影響調査をするという。建物建設でも設計図をもとに、建築確認申請の審査が行われるのに、国がやる川辺川穴あきダムに関しては、設計図がなくても環境評価をしてもよいという特権のように聞こえる。暴挙である。これからの建築確認申請は、

設計図なしでもよいという論理だ。設計図もなく、どのように環境評価するというのか。

　また、環境影響評価区域は、建設予定地の相良村から球磨村渡地区までという。なぜか？　環境影響調査は、穴あきダムのダム湖の長さの３倍として計算したと回答し、渡地区までになると説明。この距離の計算方法に法的根拠はなく、国土交通省のマニュアルや過去の事例に基づいての３倍と回答。だから最大の影響を被る渡地区下流の八代市の説明会は、省かれたのである。流域住民や球磨川流域の自然環境に対し、誠に都合の良い話である。球磨川の支流川辺川に建設を予定していれば、当然のごとく、球磨川河口までではないのか。いや、八代海までは含むべきだろう。地球は生きている。地球は循環しているのだ。

　知事も「環境影響評価の実施に当たっては、最新の技術を極限まで取り入れ、安全安心を最大化するものであるとともに、球磨川の環境に極限まで配慮し、清流を守るものとなるようにすること」と、意見を述べている。まさに環境調査を第三者に委ねず、国土交通省に委ねれば省のご都合でしかやらない恐れがあるのに、流域住民の声は無視するという意思表示にほかならない。環境影響評価は川辺川源流から球磨川河口と周辺海域まで実施するのが、常識というものである。環境調査では豪雨から人の命を守る方法のレポートもあるはずだが、知事、いかがされるつもりか。

　また、私の「穴あきは、降雨のたびに絶えず濁った水が流れそれが長期にわたるという報告が益田川ダム、最上小国川ダムなどの穴あきダムの現地調査からあるが、どうするのか」という質問に、「それはそのとき考える」との回

答であった。粗雑で乱暴な言い逃れしか持たない川辺川ダム工事事務所は、もはや環境などみじんも考えていない証拠である。上からの指示に唯々諾々と受ける機関になり果てている。

　虚仮にするのもいい加減にしろ！

　たった2時間という時間制限の中で、質疑応答のやり方もはじめに3名指名し、一人ずつ複数の質問を聞き、それに答えるというやり方であったが、回答者をはじめ4名が質問のメモを取るが質問に正確に答えることなく、国交省は聞き及んだことにしか回答をせず、しかも不明確であった。また、その回答に、不明確をただす再質問もままならなかった。消化不良のままに終わったという感想である。そこで、是非じっくり質問時間、回答時間を取り、納得がいくまで、川辺川ダム問題を徹底して議論する公開討論会を開催すべきである。知事をはじめダム促進の政治家の皆さん、事業者である九州整備局長、ダム賛成の学者の皆さん、環境影響評価方法に異論を唱えない専門家の皆さん、公開討論会を開き、正々堂々と議論を尽くそうではないか。

⑨　五木村振興計画合意

　令和5（2023）年5月11日、国や県がまとめた新たな五木村振興計画案に、五木村が合意する方針を固めたという報道がなされた。国、県の当初の案から、流水型ダムに関する文言を削除したとある。つまり、五木村はダム建設の見返りとしての振興計画案に難色を示してきただけに、五木村の意向がある程度尊重されたということになる。しかし、調印書を透かして見れば、ダムと引き換えの100億円

であることは変わりない。もし、削除された文言通りであれば、水質日本一の清流川辺川は、残ることになるのだが……。果たしてどちらが真実か。文言だけ消して、100億円と引き換えに、建設容認ならば、ダムサイト上流は、死の川が延々と続くということになる。この死の川となった河床を見て、人は移住の地を求めて、五木にやって来てくれるだろうか。

　これまでに川辺川ダム建設を前提に頭地地区をはじめ水没地区の村民は、村内移住か村外移住を求められて40年になる。ダム工事のためと村内の高台移転のための造成などで五木村への道路や住環境は飛躍的に良くなったが、以後、度重なる水害や水没者の村外移転が人口減少に拍車をかけ、村内人口は昭和55（1980）年の3,086名から令和7（2025）年の予測では800名を切るとされている。まさにダムに翻弄され続けてきた五木村がある。今度の振興計画の中で、村外からの移住者を図るというが、是非に成功してほしいと願う。

　一方、自然に目をやると、自然環境を人工的に水没させるとなると、世界的希少動物だけで営みが完結している九折瀬洞をはじめ生物多様性豊かな動植物の死滅が確実に予想される。これらをこの世から葬りさる権利が、どこの誰にあるのだろうか。100億円の振興金をかけても、破壊された自然や環境はもとには還らない。

第2章

日本の災害対策

（1）ダムや堤防決壊が招く災害例

①　豪雨等から堤内地や斜面を守るハード設計とソフト対策の現状

　国土交通省によると、近年、水害・土砂災害による死者数は計画的な治水事業などにより確実に減少し、右肩下がりとなっている[1]。平成30（2018）年の被害状況を過去の状況と比較することで、その特徴を確認し、今後を予測してみる。

　平成24年から平成29年までの過去6年間の土砂災害発生件数は6,756件、死者・行方不明者数は202名に上る。家屋の全壊、半壊、一部損壊は1,391件である[2]。

　平成30年に発生した土砂災害は、「平成30年7月豪雨」（西日本豪雨）を含めて、1年間だけで死者・行方不明者数161名であった。また、家屋の被害は全壊、半壊、一部損壊を含めて1,505件に上っている[3]。

　過去6年間と比較して、平成30年は1年間だけで比較にならないほどの被害となっていることが分かるが、中でも西日本豪雨は平成の最大級の災害であり、近年の豪雨災害がもたらす被害規模が急拡大したターニングポイントとなった。

西日本豪雨災害での237名の死者数の内訳は小田川等の
破堤による死者52名、ダム緊急放流による死者8名、濁流
に逃げ遅れた死者10名である。土砂災害に比べて水害によ
る死者の数は少ないのが過去の例であったが[4]、西日本豪
雨はこの点でも近年、経験したことのない異常な災害で
あったといえる。

　こうした事態をもたらした原因は何によるものなのか。
異常気象がもたらす全国各地の水害や土砂災害を例に、い
かに住民を守るかという課題を、ハード、ソフトの両面か
ら対策の不備を探り、是正策について考えてみたい。

　国が掲げている河川の氾濫や土砂災害から人命を守る
ハードの施策としての工法や施設の種類、並びにソフト対
策を見てみよう。まず、堤内地や斜面を守るハードの工法、
施設として、河川改修（河川拡幅、河床整正と掘削、堤防
施設の設置及びその嵩上げ、護岸、高水敷、宅地及びイン
フラ嵩上げ、橋の架け替え、遊水池、分流水路、湾曲河川
対応工、堰、水門、樋門、排水機場、樹林帯等）、治水ダム、
砂防ダムや山腹の法面の強化、または防護柵設置等がある。
次に、ソフト対策としては、排水ポンプ車の出動、災害対
策機器対応、土嚢積みなどの水防活動、救助活動、広報活
動等がある[5]。日頃の対策としては、避難環境の整備、防
災座学、避難訓練、気象予報を基にした予測訓練などがあ
る。

　一方、土砂災害に備えるために土砂災害特別警戒区域等
に斜面監視システムを構築して、日常の斜面や土中水分の
変化を観察、これらを踏まえて降雨時の土砂崩れの予兆を
感知し、避難を促すという方法もある。これらのハード、

ソフトの組み合わせにより住民の安全を確保していくとする。

[注]
1 「新丸山ダム工事事務所　ダムの働き　治水対策の現状」1頁
　〈www.cbr.mlit.go.jp/shinmaru/101_hitsuyou/3.pdf〉（2018年11月8日閲覧）。
2 「国土交通省砂防部HP　2017（平成29）年の土砂災害の概要」
　〈http://www.sabo.or.jp/saigai/2017saigai.htm〉（2018年11月8日閲覧）。
3 「国土交通省砂防部HP　2018（平成30）年の土砂災害の概要」
　〈http://www.sabo.or.jp/saigai/2018saigai.htm〉（2023年10月6日閲覧）。
4 前掲「新丸山ダム工事事務所　ダムの働き　治水対策の現状」1頁
5 「信濃川下流河川事務所HP　水害を抑えるための対策」
　〈www.hrr.mlit.go.jp/shinage/kyougikai/archives/02_suigai/suigai_24.html〉（2018年11月8日閲覧）。

②　ダムは豪雨災害の対策になるか

国土交通省の水管理・国土保全局では、ダムの有効性[1]について、次のように述べている。

（1）わが国は、急峻な地形、梅雨期と台風期に豪雨が集中するという厳しい自然条件下にある。このため、一度大雨が降ると、河川に水が一気に流れ出し洪水をもたらし、日照りが続けば、川の水が少なくなり水不足となって、生活や経済活動に大きな影響を与える。
（2）下流域の河川周辺は、高密度に利用されており、

洪水に対応するためだけに川幅を拡げておくことは、国土の有効利用の観点から不適切。また、下流域で高度利用されている土地の標高は一般に低く、堤防を嵩上げすることは、一旦災害が発生した場合、返って被害を大きくすることからも避けることが治水の原則。（3）このため、洪水を防御し、水が豊富な時に水を貯めて水不足の時に補給するダムは、わが国の国土条件下では有効な河川整備手法の一つ。

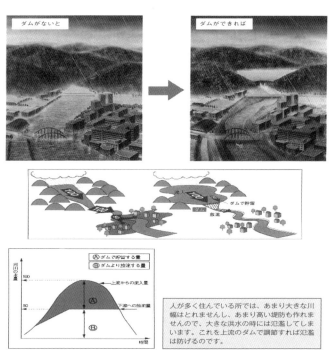

図2-1-1　ダムの効果[2]

　国土交通省は、豪雨の時、ダムがなければ河川に水が一気に流れ出し洪水をもたらすとするが、ダムは、豪雨によりダム湖の満杯基準を超えると、洪水調節や異常洪水時防災操作に陥ることになる。ダムからも河川に水が一気に流れ出すことになる。

　洪水を緩和する方法としては、洪水を分水路に流すとか霞堤や遊水地などに水を誘い溢れさせ、下流への水量を減らし流速を弱めるなどするのが常道なのだが、ダムがあるゆえに、ダム管理者はダムの決壊を恐れてダム湖を満杯にしない方策として、下流に向けて流量を増やし、流速を上げることになる洪水調節や緊急放流を行うなど、洪水緩和とは真逆のことを行う。「一気に水嵩が上がった」との声をよく聞くが、この現象こそ、ダム放流の因果なのである。

　国土交通省が言う通り、確かにダム湖の許容範囲内の降雨時にはその機能を果たすが、異常豪雨のときはダム湖の許容量をはるかに超えてダムが機能不全に陥る恐れもある。つまり、ダム湖貯水容量を流入量が超える恐れがある場合、ダム操作において、緊急放流または洪水調節と称し放流することにより、下流の河川の流量は増し、流速は上がり、その濁流が、一気に堤防を越水、あるいは破堤して浸水被害並びに人的被害までも引き起こす。

　また、河川の拡幅は国土の有効利用の観点から不適切とあるが、国土交通省は、河川拡幅工事を全国の河川で実施してきた経緯がある。また、堤防嵩上げや宅地嵩上げ、引き提も有効な治水手段としてすでに実施もしている。さらに、下流域で高度利用されている土地の標高は一般的に低く、堤防を嵩上げすることは、いったん災害が発生した場

合、却って被害を大きくすることからも避けることが治水の原則とも国土交通省は言うが、実際には低地での高規格堤防が存在する。いずれにしてもダムをはじめ堤内に水を閉じ込めるという治水対策は、経験をしたことのない豪雨の前には実質的な機能を失いかねない。ダム湖や堤内に水を留め置くという発想の時代は、地球温暖化による異常降雨の前にはすでに破綻しているのである。

　つまり、ダム湖に水を貯めて、貯めきれない分以上を放流するやり方から、洪水の流量を減らし流速を下げる方法を採るのが本来の治水対策なのである。しかし、国は、異常気象の時代もダム最良論の域を脱することができずにいる。ダムによる洪水抑止がいかに有効かを証明するために、ダム湖の許容量を最大限確保する方法として、事前放流を推奨しているが、事前放流量を含めた以上の降雨量であった場合、やはりダム湖という器には限界があり、異常洪水時防災操作時（緊急放流）あるいは洪水調節を行わなければならず、下流域に甚大な被害をもたらす原因となる。

[注]
1 「国土交通省 HP 水管理・国土保全　基本的な考え方」
　〈http://www.mlit.go.jp/river/dam/main/dam/thinking_index.html〉（2018年11月8日閲覧）。
2 「一般社団法人日本ダム協会 HP　洪水を貯め河川の氾濫を防止」
　〈http://damnet.or.jp/jdf/A-08.html〉（2018年11月8日閲覧）。

③　既設ダムに起こる異常洪水時防災操作などの問題例
A. 鶴田ダムの例
　平成18（2006）年7月の鹿児島北部豪雨災害では19日か

ら23日の5日間で川内川流域に年間雨量の7割にも相当する1,000㎜を超える豪雨が降り続き、流域全域にわたり未曾有の水害を与えた。上流の降水量は鶴田ダムの調節可能な水量をはるかに超えて、遂に7月22日の午後、その機能を喪失した。

　国土交通省の試算によると、このとき、鶴田ダム周辺に降り注いだ12時間雨量は315㎜、48時間で657㎜、5日間で1,000㎜であった。この数値を、人吉球磨地方を東西に流れる球磨川流域に降った場合にあてはめると、80年に一度の豪雨による基本高水流量7,000㎥をはるかにしのぐ7,800㎥が流れた計算となる。以前に計画した川辺川治水ダムでは80年に一度の洪水が起きた時、人吉地点の基本高水流量を毎秒7,000トンとし、川辺川ダムで2,600トン、市房ダムで400トン、合計3,000トンをカットする計画であった。国交省によると、人吉地点では川辺川穴あきダム施設で2,600トン、市房ダムで500トンをカット。さらに市房ダムに放流口を増設し、貯水容量を増やす改良をすることで200トン、遊水地の整備で300トンをカットし、合計3,600トンをカットする計画であるという。しかしこれでも、平成18（2006）年の豪雨時における鶴田ダム周辺の雨量にあと200トン足りない。異常降雨の前にいかほどの効用となるのか。市房ダムと川辺川穴あきダムの両方が同時異常洪水時防災操作状態（緊急放流）や洪水調節に陥った場合、川辺川吐き出し口下流の人吉市や球磨村、芦北町、八代市坂本地区及び八代市街地は、先の熊本豪雨のときよりも甚大な被害が及ぶと予想しておかなければならない。

B. 愛媛県野村ダムの例

　平成30（2018）年 7 月、「愛媛県の肱川最上流の野村ダムでは、 7 日午前 2 時30分、ダム管理事務所が、緊急放流に入る恐れがあるとの連絡を西予市に行ったが、西予市からの避難指示が出たのは、 5 時10分。 6 時20分に緊急放流開始。貯水量を超え操作不能に陥った野村ダムから毎秒1,797㎥の水が放流された。これが原因で川が一気に増水し、逃げ遅れた西予市の 5 名が亡くなっている」[1]。なぜ、管理事務所は、操作不能が予測されたにもかかわらず、事前に放流量を増やす対応をしなかったのか。緊急放流操作連絡の 2 時30分からダムの緊急放流操作開始の 6 時20分までの 3 時間50分の間、毎秒300㎥（図 2 - 1 - 2 参照）の定期放流を維持し続けたのだ。西予市の避難指示は三度目の連絡から10分後の 5 時10分であった。

　午前 5 時ごろといえば、まだ就寝中である。雨戸を閉め

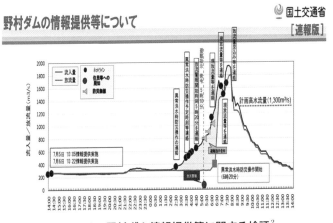

図2-1-2　野村ダム情報提供等に関する検証[2]

外は豪雨となれば、防災行政無線の放送内容は室内では聞き取れない。西予市はこの豪雨をどのように予測し避難指示等の発令を検討していたかという課題が残った。

C.　愛媛県鹿野川ダムの例

　平成30（2018）年10月3日の愛媛新聞は、次のように記している。

　　　肱川水系の野村ダムの下流にある鹿野川ダムでも異常洪水時防災操作（緊急放流）が7時35分から始まった。その10分前に大洲市では市内全域に避難指示が出された。この発令情報にはダムの放流には触れていない。7日午前5時10分、鹿野川ダムを管理する国土交通省のダム工事管理事務所長は防災操作（緊急放流）の可能性があると通告。同6時20分に過去最大の放流量になると通告。その後、最大で毎秒3742㎥を放流した。この時、ダム操作においては、1995年の水害を受けた大洲市の住民の要望を受け、大規模対応から中小規模対応に変更していた。この放流による死者は3名である。7月5日から二日間380㎜が降り、国土交通省は2003年に策定した河川整備方針では、100年に一度起きる洪水を想定していたとある。[3]

　国土交通省の各管理事務所と大洲市、西予市は5日ごろから連携をしながらタイムライン[4]に則り、予測・予防会議を開き、経験したことのない雨量とダムの異常洪水時防災操作（緊急放流）事態を招く恐れがあると予測して、避難計画を講じておくこともできたのではないか。鹿野川ダ

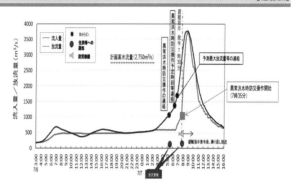

図2-1-3　鹿野川ダム情報提供等に関する検証[5]

ム管理事務所は、6日午前8時ごろから7日午前6時30分
時点まで毎秒500㎥から600㎥の定期放流をしていたが、最
初の連絡の5時30分から異常洪水時防災操作開始の7時35
分までの間の2時間5分の間、毎秒600㎥の事前放流を維
持し続けた。つまり、ダム湖が満水になるのを待っていた
ことになる。

D．京都府桂川日吉ダムの例

　平成30（2018）年7月8日付の朝日新聞は、「京都府の
桂川の日吉ダムでは貯水能力を超える恐れが生じ、6日夕
に毎秒約900トンの放流を始めたため、下流の水位が急上
昇し、氾濫した水が道路に流入した。日吉ダムは洪水調節
の役割ももち、総貯水容量が6600万トン、洪水調節容量が
4200万トンもある大規模ダムであるが、今回の大雨では満
水になって洪水調節機能が失われた」[6]と報じている。

E.　呉市天応地区の土砂災害の例

　平成30年7月15日付の朝日新聞は、

　　　　広島県呉市天応地区では、この地区の民家や車がその半分近くまで土砂で埋まったが、その土砂は山が崩落した原因によるものではなく、砂防ダムでとどめてきた土砂が流出したことによるものである。また、この土砂災害について、東京電機大学の安田進教授は、「これまでの土石流対策は、砂防ダムで土砂をためて下流には流さない対策をとってきたが、土砂量が多くなると砂防ダムだけでは防ぎきれない。土砂を流す対策も考えたほうがいい」と指摘した。

　と書いている[7]。今やハードのダム施設の充実だけでは、命を守り切ることができない。このことは先に述べたダムによる洪水被害を見れば理解できる。これらの例から言えることは、ダムは想定外の雨量には対応できず、下流域に甚大な被害をもたらすことがあるという証明である。それではダムの放流により下流域に人的被害を発生させないためには、どのような施策が必要となるのであろうか。次にその施策を考えるに当たり、ダム管理事務所の対応や河川工学者の意見について考察することとする。

【考察Ⅰ】　ダム管理事務所の操作について

　「洪水調整機能を失った野村ダムの人的被害に関して、愛媛県西予市市議会特別委員会は、国土交通省の野村ダム管理所長川西浩二氏を呼び、ダムの操作方法や住民への周知方法について議論した。そこで、川西氏は、『ダムがなかっ

たら、30〜40分早く浸水していた。避難時間の確保に貢献
できた』と述べた」[8]。この管理事務所長の発言に対し次
のような疑問が残る。

・避難時間の確保ができたというがその根拠は何か。避難
　指示の連携にも疑問が残る。
・ダムが洪水調整機能を失うまでの操作経緯はどのような
　ものであったか。旧態依然とした操作ではなかったのか。
・ダムにとっては最終手段である異常洪水時防災操作（緊
　急放流）を行うまでの過程において、ダム湖周辺に降り
　注いだ降水量をどのように予測していたか。
・ダムについて臨機応変の操作を行っていれば、どれぐら
　い避難時間をより確保できたのか。
・最終操作を開始してから5名が死亡した地点までの流量
　と流速の値はどうだったのか。
・ダムから被害地点までどれくらいの時間で水は到達する
　と予測していたのか。
・避難指示の広報活動はどのようになされたのか。
・ダム操作マニュアルに沿って適切に操作したことで放流
　された水が、下流の地域の堤防を越水して人的被害をも
　たらしているという現実をどのように説明するのか。
・ダム放流操作に意を用いる前に、住民避難に意を用いる
　べきではなかったのか。

　全国のダムにおいて異常洪水時防災操作（緊急放流）に
陥ったダム管理事務所の会見では、「避難時間の確保に貢
献できた」旨の発言を繰り返している。ダムの操作は適切
であったという発言であるが、現実として下流域に人的被
害を与えているということは、災害対策基本法の第1条と

の矛盾が生じている。この点は、どのように説明するのであろうか。西日本各地で行われた異常洪水時防災操作（緊急放流）の経緯を検討する場は国により設けられたが、熊本豪雨では、市房ダムは、ダム湖に1,000㎥が流入したのに対し、650㎥を8時間にわたり洪水調節と称し放流した。このことが下流にもたらした被害も歴史的被害となった。これらをどのように検証するのか見守りたい。

【考察Ⅱ】　最悪の想定でのハザードマップの作製

　中津川誠氏（室蘭工業大学）は、「鹿野川は、河川改修の途上で、下流に安全に流せないのでダムの操作規則が中小規模対応となっているのは、現時点では仕方がない。最悪の想定でハザードマップを作る必要があると指摘」[9]する。それでは、それぞれの管理事務所が満水になるまで待っていた操作対応はどのように考えるべきであろうか。また臨機応変な操作は行わず、大規模対応では下流に安全に流すことができず、中小規模対応は致し方なかったとしても、ダム管理事務所の操作対応や自治体の避難指示の時刻に問題はなかったのであろうか。

　住民は危険を知らずして避難はしない。経験則でしか避難をしない。中津川教授が指摘するように、ハザードマップを最悪の想定で作る必要はあるとしても、危険を知らなければ住民はハザードマップを見てはいないし、避難もしないのである。ハザードマップと気象予報に基づいた予測による事前避難方法を徹底的に考え、どうしたら人命を守る方策が確立されるのかを考え抜くときが来ている。なぜなら、犠牲者が出ている現実を直視し二度と犠牲者を出さないという対策が求められるからだ。そのカギは、ダム管

理事務所と地方自治体の中にある。

【考察Ⅲ】　管理事務所と自治体との連携

　愛媛県の野村ダムと鹿野川ダムの事例について、災害後の公式発表では、国土交通省ダム管理事務所はマニュアル通りに適切に操作し、西予市、大洲市の災害規模をダムにより「低減」できたとしている。このことからうかがえるのは、両ダムは、西予市と大洲市の水害を「低減」するためのものであることは分かるが、この「低減」だけでは、住民の命には、十分な意識が向けられているとは言えない。両ダムの放流により８名の死者が出たことは、西予市と大洲市において「犠牲者が出ても仕方がない」と、ダム管理事務所が言っているのと同じである。つまり操作においては、大規模、中小規模であろうが、両ダムの犠牲者の命に報いるためにも、まず第一に、緊急放流直前での避難指示では実に遅きに失する事例として生かすことだ。

　そこで今後は、全国のダムにおいて、緊急放流直前ではなく、洪水調節に入る前に、緊急避難通報を実施することが、命を救う最重要な措置となる。この意味で、管理事務所同士、または管理事務所と自治体との三者連携にも、住民の命を守り抜くという意識への課題が残る結果となった。これらの連携による避難通報体制が不十分であったことと、洪水調節実施前に住民への避難の徹底周知のシステムが確立されていなかったことが問題であり、どんな水害時においても住民の命を守り切るという意識の欠落が課題となっている。

　これらの事例は、災害対策基本法第８条にあるように、「その施策が、直接的なものであると間接的なものである

とを問わず、一体として国土並びに国民の生命、身体及び財産の災害をなくすることに寄与することとなるように意を用いなければならない」最重要課題として挙げられる。

[注]

1 『愛媛新聞』　2018年10月3日。
2 「四国地方整備局　第1回野村ダム・鹿野川ダムの操作に関わる情報提供等に関する検証等の場」資料11頁〈https://www.skr.mlit.go.jp/kasen/kensyounoba/02setumei0201.pdf〉（2018年11月8日閲覧）。
3 『愛媛新聞』　2018年10月3日。
4 「国土交通省タイムライン」〈www.mlit.go.jp/river/bousai/timeline/〉（2018年11月8日閲覧）。
5 前掲「四国地方整備局　資料」12頁。
6 『朝日新聞』2018年7月8日。
7 『朝日新聞』2018年7月15日。
8 『日本経済新聞』2018年9月22日。
9 中津川誠（室蘭工業大学）の意見、『愛媛新聞』2018年10月3日より引用。

（2）　災害対策基本法と自治体

①　自治体の避難スイッチの重要性

　災害には、予測ができる災害と予測できない災害がある。
　地震は予測ができない。それでも地震研究者たちの研究や日本版GPS「みちびき」からの情報などにより、日本列島を揺るがすような超大型地震の予兆を捕まえるまでには至っている。しかし、それもいつ、どこでという発生時期や場所においては数十年単位でしか推測できていない。

また、どのように起こるかのおおよその規模の推測はできても正確な予測はいまだかつてできていない。いや、できないのである。これが地震予知の現状である。よって事前避難ができない。そこで、地震は、家屋や塀などの耐震強化や家具、電化製品の倒壊、移動を防ぐ手立てが重要となる。

　雷は、積乱雲の発生状況により、どの地域で発生するかのおおよその範囲は予測できるが、いつ、どこに落ちるかは予測できない。女性のヘアピンにさえ落雷したと考えられる例もある。よって、雷を避けるための知識を持つことと、雷注意報が発令されたときの心構えと行動が肝要となる。

　一方、豪雨による水害発生は、おおよそ予測ができる。だから、事前避難ができる。降雨量の予測により、洪水がどの地域で起き、どのような被害をもたらすかという予測はできる。気象予報は、気象庁の地道な研究と分析、気象衛星等の機器の発達、向上の成果として精度の高い情報が提供されている。

　豪雨による災害は、前線がもたらす線状降水帯と台風がもたらすものとでは、明らかに予報分析に違いがある。特に、九州を中心に発生する線状降水帯は、東シナ海から運ばれてくる水蒸気が気圧の変化により上空へと吸い上げられ、発達した積乱雲を生み、西風に乗り、東の山々にぶつかり急上昇する中で冷やされて、雨となって降り注ぐ。前線の停滞による線状降水帯の予測は、タイムライン（詳細は第3章（1）⑥参照）に頼っていると雲の急激な変化を見落とす場合があり、不測の事態を招きかねない。線状降

水帯が、東のどの山々にぶつかり、どの地方にどれだけの
雨を降らすかは、気象予報でも予測はなかなか困難な状況
にあるが、今日、経験したことのない雨を降らすことだけ
は十分に予想できる。前線の停滞には、緊張感を持って臨
むべきである。

　台風は、気象衛星によりその進路が刻々と変化する様子
と規模が可視化され、いつどこに上陸し、どれだけの風雨
をもたらすかが予報できる。しかし、台風がもたらす線状
降水帯は東からやって来るとは限らない。どこに降るのか
分からないし、台風の動きとともに反時計回りに刻々と移
動する。しかも強風や突風とともに降り注ぐので、より一
層の被害をもたらすことが予想され、家の倒壊とともに水
没も考えておかなければならない大災害となりかねない。

　いずれの豪雨のときも、被害は山の沢が崩落、崩壊する
ことから始まる。山の木々や伐採後に放置された木々など、
すべてを飲み込みながら、山麓へと流れ出し、さらに小河
川に向かって集められて流木を含んだ土石流、洪水が山間
地域を襲う。そして、それらが中河川に向かいながら拡大
し、下流の橋や鉄橋を塞ぎ、それがダム化して逃げ場を失っ
た洪水がその橋梁のすぐ上から溢れ出し、濁流となって広
範囲に地域を襲う。また、その橋梁を越流した支流の洪水
は、本川の濁流に押され吐口付近でせめぎ合い、吐き出し
口のすぐ上の堤防を越水して低地に溢れ出す。あるいは破
堤が起こり、その地域に甚大な水害をもたらす。

　支流の吐き出し付近やその近くの橋や鉄橋周辺の住民は、
本川の洪水による被害よりも先に、山林崩壊、地域内水、
支流氾濫で、最も命の危険にさらされることになる。また、

豪雨に伴う土砂災害や鉄砲水がいつ、どこで、どのように発生するかは、予測できない。

　しかし、気象予報に従い事前避難はできる。気象庁が土砂災害発生の危険性、警報を発表したときには、直ちに安全な場所へ逃げることである。しかも日が明るいうちに、前日事前避難を実行することが、命を守る一番の行動となる。よく、裏山を背にした住宅に住む人々はできるだけ裏山から離れた２階に移って過ごすようにとか、水が来て避難が困難な住民には２階に垂直避難を促す情報があるが、これらは最悪を避けるための最終手段であり、安全を確保できるという保証はない。２階丸ごと土砂で埋まるときもあれば、２階まで水が来ることもあるからだ。最も安全といえることは、やはり、前日事前避難である。

　土砂災害といえば、令和３（2021）年７月３日、熱海市で土石流が起こり、28名の人々が犠牲になったことは記憶に新しいが、翌日の民放の朝のニュース番組で、ゲストコメンテーターの一人が、「土砂災害を予測できなかったからといって、熱海市が直ちに『けしからん』ということではない。市も天気予報の推移を見ながら対応をしていたのだから」と述べていた。確かに市は刻々と変化する気象状況の変化と推移を見守っていたことには間違いがないだろう。しかし、気象庁は、７月３日も、熱海市を含む静岡県地方に土砂災害警戒情報を発表していた。静岡管区気象台発表の静岡県気象速報によると、令和３年７月２日12時30分から７月７日14時30分まで土砂災害警戒情報を発表していた。ということは、市は、空振りを恐れず、万が一のことを考えて熱海市民に、前日避難勧告を発令しなければな

らなかったのではないか。ただ、土砂災害が起きた迫（小さい谷）が、産業廃棄物で埋め立てられていたことが、地滑りを起こした重大な第一原因であることは言うまでもないが、そうであればなおさらのこと、熱海市による前日避難勧告が発令されていれば、一人でも多くの命が助かったのではないかと残念に思う。

　土砂災害は、いつ、どこで、どのように起こるか、予測ができない。だからこそ熱海市は、市民に避難を促す責任があったのだ。私に言わせれば、熱海市の避難勧告発令の遅れは、「実にけしからん」ことなのである。

　このように、市区町村によっては、豪雨時における危機意識や想像力の欠如が見られたりするが、過去に各地で発生した災害のケーススタディを市区町村長が怠っていたり、正常性バイアスに陥ったりしていては、住民の命を守ることはできない。このような市区町村の避難判断の有無や遅延により住民が命を落とした例は、過去にも枚挙にいとまがない。市区町村によっては、助けられた命、助けられなかった命がある。個人に「避難スイッチ」をどこで入れるか判断を求めることも大事だが、市区町村がどこで住民への避難を促すか、自治体自らが、いつ避難スイッチを押すかが、命を守るための重大な岐路となる。

　国や自治体の責務としていかに人命を災害から守るかという観点から、これまでの災害を教訓に、従来の対策にも増して、防災の向上を図る責務が国や自治体にはある。何が原因で人は水害や土砂災害から逃れることができないのか、どのようにしたら災害から住民は逃げることができるのか、もし、水害や土砂災害が招く死亡原因の一部に行政

にかかわる要因があるとしたら、その要因は何か。令和2
（2020）年7月4日熊本豪雨の被災者の一人として、人吉
市だけでも20名の死者が出た原因などをもとに考えてみる。

② 基礎自治体の役割の重要性

　平成30（2018）年の西日本豪雨被害や令和2（2020）年
の熊本豪雨の現実を踏まえて、災害対策基本法における目
的や国や自治体の役割を確認し、課題を明確にしておきた
い。
　災害対策基本法の第1条には、「国土並びに国民の生命、
身体及び財産を災害から保護するため、防災に関し、基本
理念を定め、国、地方公共団体及びその他の公共機関等を
通じて必要な体制を確立し、責任の所在を明確にするとと
もに、防災計画の作成、災害予防、災害応急対策、災害復
旧及び防災に関する財政金融措置その他必要な災害対策の
基本を定めることにより、総合的かつ計画的な防災行政の
整備及び推進を図り、もつて社会の秩序の維持と公共の福
祉の確保に資することを目的とする」とある。これを受け
て、今後の課題の一つは、発災前にいかに災害死者予防策
を実施して、住民の生命を守るかである。
　市区町村の責務としては、第5条に市区町村とその長の
責務を規定している。「地域防災計画」を策定し、国や県
と相互協力、総合調整を図り目的を達成することとある。
しかし、各自治体の地域防災計画はその内容、項目におい
て、今日の豪雨災害に、果たして対応しきれているだろう
か。また地方自治体の実際の問題として、その首長は課せ
られた責務を本当に果たしているであろうか。自治体の避

難スイッチをいつ押すかが問われている。首長の見識と胆職が問われているのだ。

第7条では「住民の責務」を定め「住民への自助」を促している。住民はどこまで災害に備える意識を持ち、備えはどれくらい整っているのか、住民はその現実を見ることも重要だ。

第8条では「国及び地方公共団体は、その施策が、直接的なものであると間接的なものであるとを問わず、一体として国土並びに国民の生命、身体及び財産の災害をなくすることに寄与することとなるように意を用いなければならない」とする。それでは、河川改修等の遅れが生じている地域の現状をどのように見るのか。河川法では第1条、第2条、第3条、第7条、第8条、第9条等によりハード整備の責務を、基礎自治体には求めていないが、果たしてハードの整備は国や広域自治体だけの課題とすることで「良し」としていいのであろうか。

災害対策基本法第8条には「国及び地方公共団体は一体として」とあるが、河川整備等において国と地方と、どのような連携が今後求められるべきであろうか。また、第8条第2項は、理念に基づき「意を用いる」ことを掲げ、第2項でその項目を列挙している。特に災害の発生の予防の項目を定めている。基礎自治体に求められている災害発生の予防とは、何を「意」とし、何を指し、何を含んでいるのか。

第47条では自治体は「災害を予測し、予報し、又は災害に関する情報を迅速に伝達するため必要な組織を整備するとともに、絶えずその改善」に努めるよう規定している。

どのように予測し、どのような予報体制を構築し、災害に関する情報を迅速に住民に伝達するために、どの程度の整備が進められているのか、または、自治体におけるその実態はどのようになっているのか、注意深く点検していかなければならない。

　現場を持つ基礎自治体において、これらの災害対策基本法により努力を積み重ねている一方、降雨による水害や土砂災害のたびに犠牲者が出ている現実がある。近年の異常気象による豪雨災害にはなぜ自治体は対応できていないのか。現実と原因を直視しながら、災害対策基本法における基礎自治体の各課題に焦点を当てて考えてみる必要がある。その課題の一つとして、国や広域自治体は、従来からの基礎自治体との連携の在り方を縦割り行政ではなく、現場責任者としての基礎自治体の「意」を最も重要視したあらゆる災害対策と計画を汲み上げ、積み上げていく必要があるのではないか。その理由として、命を守る最前線にいるのは、基礎自治体であるからだ。

　しかし現実として、個人としても水害から住民の命を守るという意識が結果的に薄い首長もいる。それが人災となって地域に表れてくる。人吉市をはじめ多くの死者が出た地域においては、災害対策を最重要課題として取り組む必要がある。そこで、災害対策本部の在り方を見直すべきだと考える。首長一人の判断に委ねるのではなく、対策本部のメンバーの中で、一人でも避難指示発表を提案したとしたら、それを本部の意志として実行する状況を作り出すことが重要ではないか。ただし、対策本部の誰も避難指示発表の意見を述べず、災害被害により死者が出た場合は、

首長は退任するぐらいの責任が問われる対策本部でなければならない。そうすることにより、災害対策本部には命を守り切るという緊張感が生まれる。

③　ハード対策の権限

　土砂災害や水害が予想される地域での防災、河川整備に関しては、災害対策基本法第１条に鑑み、災害予防を最優先するべきである。地域の実情を第一に考慮することで、初めて命は救われるのである。

　現在、治水のためのハード対策の権限は、河川法により国土交通大臣、都道府県知事等にある。しかし、災害に最初に直面するのは基礎自治体である。市区町村長に、国や都道府県への陳情による治水対策の提案型だけではなく、一定の治水権限を持った実行責任者の一人としての権限の一部を市区町村長に委ねる制度改革を行い、治水対策を国、都道府県、市区町村の三者で、同じテーブルで協議すべきである。このことにより現在の治水対策の不備や遅れが解消できるとともに、市区町村長も河川氾濫等の災害への防災意識を強く持つことができるようになる。

　災害対策基本法第２条の２の３には、過去の災害から得られた教訓を踏まえて、絶えず改善を図ることとある。また同条４には、災害発生直後の人材派遣（リエゾン制度）や物資の援助が謳われている。今後、検討されるべき重要課題の一つは、発災後と同じように発災前の災害予防改善のための人材派遣である。災害予防に力点を置くこのような制度こそが地域防災に貢献する。

（3） 複合災害の防災安全

① 近年の日本における複合災害

　これまで、水害を対象に述べたが、複合災害の発災ということも今日考えておく必要がある。複合災害に見舞われると、大規模な自然災害とそれに伴う複合的な災害とで、長い年月を要する復旧、復興が待ち受けている。基礎自治体においては、様々な複合災害を想定した危険箇所や検討課題を点検する必要がある。例えば、首都直下型地震、南海トラフ巨大地震、富士山大爆発など、国家的破滅を引き起こしかねない同時複合災害を、全国の基礎自治体においても想定しておかなければならない。

A．南相馬市の例

　この複合災害の著しい例が、東日本大震災での福島県全域、特に原発周辺地域や相馬地区であった。地震による家屋損壊、土砂崩れ、公共交通機関の不通、道路や橋梁の寸断、さらに襲い掛かる津波被害、遂には原子力発電所の電源喪失が原因で、1～3号機がメルトダウンし、4号機が爆発。この事故が原因の放射能拡散被害、そして、風評被害・差別被害である。これらの地域は、地震、津波、原発事故、風評被害・差別と、四重苦に見舞われた。

　平成23（2011）年3月11日発生の東日本大震災と東京電力福島第一原発事故対応について、当時の南相馬市長である桜井勝延氏は、発災時の緊迫した状況などを振り返り所感を述べている[1]。

【地震発生】

「3月11日は公立中学校の卒業式で、終了して3時間余

りの午後2時46分、東日本大震災が発生した。市議会一般質問の最中。突然激震が起き、揺れは激しくなるばかり。議場では傍聴者たちは泣き叫び、議員たちは机の下に身を潜めた。長い激震が収まると、第一回南相馬市災害対策本部会議は庁舎外の駐車場で開いた。津波の恐れがあるからと防災無線で市民に海岸からの避難を呼びかけ、避難所を開設した」

【津波発生】

「当時2500人以上が行方不明。どれほど犠牲者が出ているのか想像もできなかった。避難所では避難してきた市民で溢れ、担当職員も支援対応で必死である」

【原発爆発】

「救助、救援活動の最中の12日午後3時過ぎに、東電福島第一原発は爆発事故を起こした。防災無線で市民に屋内退避するよう指示を出す。関係各方面に事実確認しても爆発事故は確認されないとのこと。夕方5時過ぎ、テレビの画像に福島第一原発1号機の建屋が吹き飛んだ様子が映し出され、テレビのテロップに20km圏内に避難指示が出されたと表示された」

【混乱】

「南相馬市の20km圏内にはおおよそ14000人の市民が住んでいる。避難指示が出されたことを防災無線や消防団や行政嘱託員、市役所職員で、避難を呼びかけた。一晩で14000人もの市民を避難誘導することは困難を極めた。3月15日に30km圏内屋内退避指示が出された。この指示も避難指示同様、テレビのテロップで知ることとなった。初めての原発爆発事故とはいえ、原発周辺自治体に直接

連絡がこない。避難指示も屋内退避指示もテレビを通して知ることは、政府や福島県に危機管理能力がないのではないかと痛感した」

【孤立】

「屋内退避指示後、南相馬市には食料、燃料など生活に必要な物資が入らなくなった。私は市長としてこの窮状をあらゆるところに発信して救援を頼もうと YouTube で発信した。あらゆるマスコミ各社が南相馬市の現場から避難していて、この窮状を報道する人がいなかったのである。病院、特別養護老人ホームなどの入院、入所者は命の危機に迫られた。30km圏内に入院、入所者を置いてはならないとの政府決定のためだ。南相馬市はあの東日本大震災で636人の犠牲者を出した。加えて原発事故による避難が原因で507人が災害関連死の認定を受けている」

【放射能汚染対策】

「原発事故で南相馬市民は63000人もの人が市外へ避難を余儀なくされた。放射性物質の除染、仮置き場の設置。応急仮設住宅建設、仮設校舎の設置。放射線のモニタリング、飲料水、食料、食品検査。健康被害検査のための内部被曝検査、外部放射線被曝検査、給食食材検査、農産物検査など他の災害では考えられないような放射線との闘いである」

【経過】

「警戒区域、緊急時避難準備区域、計画的避難区域、避難解除準備区域、居住制限区域、帰還困難区域等全ての制限区域が南相馬市に設定されて、原発の水蒸気爆発(マ

マ）以来、この区域の解除のために市民との対話、懇談を5年と4カ月も時間を費やして、2016年7月12日にやっとほぼ全ての制限区域の解除をすることができた。復興はこれから途方もない時間を費やすこととなる。さらなる支援をお願いしたい」

B.　熊本地震の例

　平成28（2016）年4月14日21時26分及び同年4月16日1時25分に、2回にわたり激震に襲われた熊本地震。本震の日の夜は、雨に見舞われた。熊本地震も複合災害の一つである。避難所では、軒下でしか雨をしのぐことしかできない人々であふれているとの報道がなされた。被災地の屋根からは雨漏りが始まり、低地では浸水被害が起こり、地震で地盤が脆弱になっている上での雨により、地震で液状化したところでは土砂災害やさらなる家屋の倒壊、傾きなどが心配された。地震の後の雨、豪雨の後の地震など、一つの災害後に間断なく次の災害が襲う現実があることを熊本地震も示している。

C.　北海道胆振東部地震の例

　平成30（2018）年9月6日午前3時7分ごろ、北海道胆振地方を震源とする地震があり、震度7を観測した。気象庁などによると、震源の深さは約37km、地震の規模を示すマグニチュードは6.7と推定される。前日までの雨で地盤がゆるくなっていた厚真町などで土砂崩れがいたる所で発生し、家屋が山津波に飲み込まれて厚真町だけで36名、道内では44名の犠牲者が出た。北海道電力によると、道内のすべての火力発電所が停止し、道内全戸の約295万戸が停電した。平成30年9月9日現在では大部分が復旧したが一

部停電は続き、政府は節電を呼びかけていたほか、断水も発生した。厚真町の土砂災害は、台風21号の大雨の影響で５日までに降り続いた雨で山腹がゆるみ、地震による激しい揺れで火山灰層が滑り落ちたものとみられる。複合災害は、地形的居住環境、地質、雨、地震等と複合的要因で間断なく起こるのである。

　これらの複合災害を念頭に、自らの地域ではどんな複合災害が発生する恐れがあるか検討をしておくことも、防災安全度を高める指数となる。

[注]
[1] 筆者への寄稿。

②　地域総合防災力としての防災安全度

　防災安全度とは、複合的災害から住民の命を守るために、ハード面、ソフト面において地域が確立している防災内容とその充実、また普段の活動がいかに充実しているかの地域総合防災力を言う。防災安全度を高める目的は、災害時死者ゼロを目指すためである。

　この防災安全度に関しては、平成24（2012）年８月の川辺川現地調査報告会の折、発表したものである。詳しくは、崩壊する「ダムの安全神話」出版準備委員会編著『崩壊する「ダムの安全神話」：ダムは命と暮らしを守らない』（花伝社、平成27年）に収録されている。今後、小河川の増水状況や土砂災害特別警戒区域等の土砂崩れの予兆をいち早く把握するシステムを構築することも重要である。

　この防災安全度のソフト面として充実しなければならな

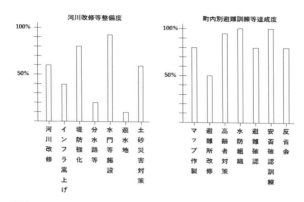

図2-3-1　防災安全度を示すハード、ソフトの課題の一例
　　　　　（平成30年時点）

い課題は、首長の防災意識の向上とともに、自分の命は自
分で守るという住民防災意識の向上こそが重要課題である。

③　治水安全度から防災安全度への転換

　これまで国や河川工学研究者たちのほとんどが、洪水を
河道に閉じ込める方法で治水安全度の向上を図ってきた。
例えば、土屋信行氏は「治水対策は、国の責任において、
国民の命と資産を守る安全保障とし、低地帯では避難高台
地の確保が急がれるとして、堤内地への越流防止と避難先
確保のための高規格堤防の設置」[1] を唱えている。

　また、この堤防により計画高水流量は増強されないとし
つつも、避難先は堤防の天端地域であり、やはり洪水は河
道内に封じ込めるという発想である。

　また、柿本竜治氏、山田文彦氏、藤見俊夫氏らは、「河
川改修等で治水の整備は、洪水による被害や被害者を着実

に減少させてきた。そのことにより河川の氾濫原だった地域の都市化が促された。ハード整備による洪水対策は、ある想定された水準までの防災対策である。想定された基準を超えた洪水が発生した場合、氾濫原が都市化されたがゆえに以前と比べて被害は甚大となる」[2]と指摘、土地利用を組み合わせた流域管理的治水を論じている。

　土屋氏は河道内治水に基づいた高規格堤防への避難を唱え、柿本氏らは土地利用規制による生命、資産の確保のための提言をして氾濫原の都市化に疑問を投げかけている。また、豪雨による近年の治水安全度の低下を危惧する研究も行われているが、いずれも明確にハード、ソフトの組み合わせによる災害時死者ゼロを目指す事前避難を課題とした防災安全度の向上は検討されていない。

　伊藤達也氏は「ダムから水資源と環境政策の変化から政策として耐えられる代替案への転換を提言」[3]しているが、豪雨予測に基づく事前避難にまでは言及していない。

　唯一、京都大学名誉教授の今本博健氏が河道内治水安全度への固執に異を唱え、ダムによらない河川改修の必要性を説いている。今本氏は、

　　かっての治水は、できるだけのことを目いっぱいするというものであり、これを「対応限界治水」と呼んでいる。これが江戸末期まで続き、明治政府になってから、河川の治水を国がするようになるのだが、それまでは、それぞれの地元がするものであった。明治政府は、対象洪水を決めて、それに対応した対策をするという方針を打ち出した。これがいまだに続いている。

私はこれを「できる対策からしていく」という治水に変えたい。治水対策の具体的な方法はいろいろあるが、大きく分けて、「溢れさせない対策」と「溢れた場合の対策」とに分けられる。洪水というのは、溢れさせないようにするのが一番いいのだが、到底、無理である。いつかはどこかで必ず溢れる。できるだけ溢れさせないために、対象洪水を決めてそれに対応した対策をすれば、対象洪水であれば溢れないようにできるが、それを超えたら溢れる。「できるだけのことをする治水」も同じである。どのような努力をしても、溢れるときは溢れる……

と、ダムによらない治水対策を総合的な河川改修による治水対策にと訴えている[4]。しかし、防災安全度を高めるための避難には言及していない。

今一度、現場と向き合う基礎自治体の提案を叩き台とした国、県、市区町村による協議会を開催し、地域住民の生命を守るための河川改修方法の議論と河川法と災害対策基本法に則り、命を守る対応が不可欠である。

[注]

1　土屋信行「東京東部低地（ゼロメートル地帯）の超過洪水発生と防御策に関する研究（1）」『水利科学』No.330、一般社団法人日本治山治水協会、2013年、57-72頁〈https://cir.nii.ac.jp/crid/1570572703281641472〉（2018年11月　9日閲覧）。

2　柿本竜治、山田文彦、藤見俊夫「水害危険地域への土地利用規制導入効果検証への水害リスクカーブの適用」『都市計画論文集』

第47巻第3号、公益社団法人日本都市計画学会、2012年、901-906頁。

〈https://www.jstage.jst.go.jp/article/journalcpij/47/3/47_901/_article/-char/ja〉（2018年11月9日閲覧）。

3 伊藤達也「ダム計画の中止・推進をめぐる地域事情」『経済地理学年報』第57巻第1号、経済地理学会、2011年、21-38頁。

〈https://www.jstage.jst.go.jp/article/jaeg/57/1/57_KJ00007224915/_article/-char/ja〉（2018年11月9日閲覧）。

4 今本博健「ダムによらない治水を実現するにはどうすればいいのか」『崩壊する「ダムの安全神話」：ダムは命と暮らしを守らない』花伝社、2015年、29-41頁。

第3章

自治体における災害対策

（1）首長の役割とその重要性

①　避難判断基準

　防災安全度で一番重要度を高めなければならない課題は、首長の防災意識であると述べた。そこで、首長は段階的避難を実施するための明確な避難区分を持つ必要がある。ここで新たな区分を整理しておきたい。これまで避難準備情報の意味があいまいだったために、要支援者等避難において文字通りの解釈の違いから避難開始に遅れが生じていた。このことから避難準備情報は「避難準備・高齢者等避難開始」に内容が変更され、さらに「高齢者等避難」に変更された。だが、4段階に区分した「住民避難準備情報、高齢者等避難開始、避難勧告、避難指示」の一区切りずつのほうが分かりやすい。もちろん、即刻、命を守る行動の告知の発令という緊急事態発生もありうる。分かりやすい区分が求められる。

　私は人吉市長に就任当初から、河川の氾濫や豪雨による土砂災害から犠牲者を一人たりとも出してはならないという強い決意を持っていた。その理由は、20〜30代のころ地元消防団員として水害、土砂災害、土石流災害を目の当たりにしてきたからだ。そこで平成21（2009）年から、日本

の南方海上に台風等が発生したという気象予報や、線状降水帯をもたらす雲の流れ、前線の停滞状況を、衛星レーダーや雨雲レーダーで確認したときから、慎重にその進路や勢力、雲の流れを注視してきた。そのため、気象情報を見極めながら一刻も早い避難準備情報や避難勧告の発令とともに、日が明るいうちに円滑な避難行動を促すことができたのである。

熊本大学の柿本竜治氏、山田文彦氏、藤見俊夫氏らは、「市町村の自然災害に対する発令の在り方は長年の課題」として、熊本県下の45市町村の避難情報の発令状況を以下のようにまとめている。

避難準備情報は、発令基準値に加え今後の見込みや予想を考慮し総合的に判断されるため、雨量や河川水位等の発令基準値への到達状況のみから一概に言えないが、多くの市町村が避難情報の発令に積極的でないことが読み取れる。

一方で雨量や河川水位が発令基準値に到達してもその後実際に災害が発生した割合は低く、基準値に従って発令した場合空振りに終わることが多い。空振りの多発は避難情報の信頼性を損ねる恐れがある。

また、発令の多発は、避難所運営などの行政に負担を増大させる。しかし、避難情報の発令回数を上回る頻度で土砂崩壊や浸水被害が発生しているのも事実である。

避難情報の発令には、このような見逃しが潜んでおり、災害危険度の高い地域の住民は、地域で自主避難

　に取り組む必要がある。

　このように自主避難の重要性を指摘している[1]。ここから言えることは、市町村の発令基準に到達していながら実際の発令には至っていない件数が多数ある中で、発令回数を上回る災害が発生していることである。そのうえで、行政の「見逃しのリスク」を指摘している。この柿本氏らの結論の一つとして、論文の随所に地域での自主避難に取り組むことを促している。それだけ市町村の避難情報の信頼度が低いということが言える。

　なぜ首長が発令に消極的かとの理由は柿本氏らの論文では分析されていないが、以下、私の経験から考えた理由を述べる。

　例えば球磨川流域には、10市町村があり10の首長がいる。避難情報発令の有無や是非は災害対策本部長である首長自身の判断であるから、同じ流域でも避難情報の判断や程度に違いが出る。

　なぜ違いがあるのか。先の柿本氏らが挙げた理由のほかに、普段からの防災に関する市町村ごとの連携がなされていないことが挙げられる。よって、自所は自所、他所は他所との思いから、同じ流域でも災害履歴や地形的な違いもあっての判断となるのである。また、本流、支流域の違いもある。

　一番の恐れは、災害の経験値や研究を持たない首長もいて、判断基準に到達しても正常性バイアスに陥ることがある。それが今度の熊本豪雨における人吉市の判断である。

　確かに行政の避難所運営の負担感はあるので消極的にな

る首長もいる。しかし、それに捉われていては、災害時における行政の存在価値はない。

　危険度の高い地域の住民は自主避難に取り組む必要があると柿本氏らは述べているが、自主避難に対応できる住民は、普段からの行政との連携が綿密である地域か、地区の伝承がある地域か、近年の災害経験地域か、あるいは別家族の支援がある住民であることのほうが多い。住民には、住居地域のどこが危険なのか、いつ、どこに避難するかなどの予備知識を学ぶ座学と現場視察が必要である。

[注]

1　柿本竜治、山田文彦、藤見俊夫　「予防的避難の阻害要因と促進要因に関する分析」公益社団法人日本都市計画学会『都市計画論文集』第49巻第3号、2014年、321-326頁
〈https://www.jstage.jst.go.jp/article/journalcpij/49/3/49_321/_article/-char/ja〉（2018年11月9日閲覧）。

②　予測判断の是非が招いた災害例

　平成24（2012）年7月九州北部豪雨において熊本市龍田陳内地区での豪雨災害を振り返り、当時の熊本市長である幸山政史氏の談話がある[1]。

【発生と被害】

　「2012年7月の九州北部豪雨では熊本市も甚大な被害を受け、あれから6年。1時間当たりの雨量が100㎜という記録的豪雨が阿蘇方面で4時間ほど降り続き、各所で土砂崩れが発生。尊い命が失われた。その泥水が一気に熊本市内の白川へと流れ込み、流域の熊本市北区龍田地域を中心

に浸水被害が発生した。中心市街地は土嚢を積むなどして
なんとか持ちこたえたが、まさに紙一重であった」

【反省と対策】

　「今一度、自らの命は自らで守ることを基本に、災害弱
者と呼ばれる人たちを誰が守るのか？共助・公助の仕組み
は？など、地震や水害などいくつかのケースを想定しなが
ら、意識を高め、訓練を繰り返す必要がある」

　幸山氏は、自らの災害に対する避難勧告の遅れを苦い経
験として持ち、豪雨災害には前例が通用しないと受け止め
ている。

[注]

1　筆者による聞き取り調査。

③　2012・7・12熊本水害の現実

　平成24（2012）年7月12日に阿蘇地区で起きた豪雨によ
る土砂災害で、死者23名、行方不明者2名を含む25名が犠
牲となった。熊本市では熊本県、熊本市と自衛隊の救出活
動により犠牲者は出ていない。11日から13日までの降雨量
を図3-1-1に示す。

　12日午前0時ごろから雨が急激に降り始め、午前9時ご
ろまで熊本県地方に降り注いだ。阿蘇乙姫（阿蘇市）549.5
㎜、阿蘇山（南阿蘇村）404.5㎜の雨が12日明け方に集中
して降り、白川下流域に洪水をもたらしたのである。未明
から5時間で阿蘇乙姫で平年の梅雨期の半分の降水量が降
り続き「これまでに経験したことのないような雨」となっ

た。気象レーダー画像（図3-1-2）を見れば、九州地方は12日未明から午前7時以降も佐賀、長崎、熊本、大分に集中して降り注いでいることが分かる。

　図3-1-3の写真のように、阿蘇白川の下流に位置する熊本市内の川の蛇行が著しい龍田陳内地区では、熊本県、熊本市と自衛隊の救出活動が迅速かつ的確であったために幸い死者は免れたが、甚大な床上浸水被害に見舞われ多くの住民が家屋内に取り残された。

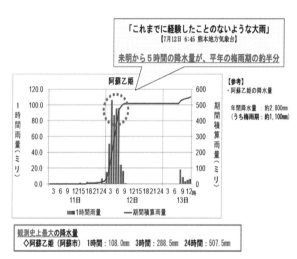

図3-1-1　平成24年7月11日～13日のアメダス降水量時系列図[1]

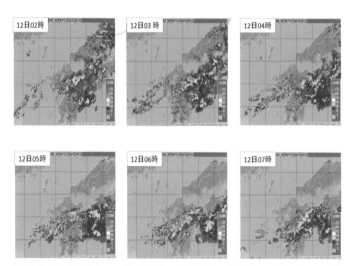

図3-1-2　気象レーダー画像（7月12日02時～7月12日07時
1時間毎）[2]

県防災消防ヘリ＝16名救出
自衛隊ヘリ＝16名救出
合計32名救出　死者数0！

図3-1-3　連携の例：熊本市龍田陳内地区[3]

○**人的被害**（7月27日　9時現在）

※調査中のものも含まれるため、数値は変動する場合がある。

	人数	市町村別内訳	【参考】
死　　　　者	23人	阿蘇市21、南阿蘇村2	福岡4、大分3
行 方 不 明 者	2人	阿蘇市1、高森町1	
重　　傷　　者	3人	南阿蘇村2、阿蘇市1	福岡2
軽　　傷　　者	8人	熊本市3、菊池市2　他	福岡10、大分3
計	36人		福岡16、大分6

【法の適用市町村】
○**災害救済法**　熊本市、阿蘇市、産山村、高森町、南阿蘇村
○**被災者生活再建支援法**　県内全市町村

○**住家被害**（7月27日現在　9時現在）

	棟数	市町村別内訳
全　　　　壊	125棟	熊本市61、阿蘇市44、南阿蘇村9、相良村3、五木村3　他
半　　　　壊	140棟	熊本市104、阿蘇市30、大津町2、五木村2、南阿蘇村1　他
床 上 浸 水	1,912棟	阿蘇市1,357、熊本市362、菊池市72、菊陽町29、芦北町29　他
床 下 浸 水	1,748棟	阿蘇市989、熊本市283、菊池市117、芦北町101、菊陽町52　他
一 部 破 損	67棟	阿蘇市50、菊池市4、芦北町4、熊本市3　他
計	3,992棟	

図3-1-4　7・12　熊本県内被害状況[4]

[注]

[1]　2012年「熊本県知事公室危機管理防災課」
〈www.soumu.go.jp/main_content/000295098.pdf#page=15〉（2018年11月9日閲覧）。

[2]　同上。

3 同上。
4 同上。

④　首長の意識―超現実予測

　「今まで大雨など降ったこともない」「ここは台風に襲われたこともない」「ここは、防潮堤や堤防があるから心配ない」などの豪雨災害でよく耳にする住民のインタビュー発言と同じように、首長にも正常性バイアスや防災会議のメンバーがそう言っているから大丈夫だろうという多数派同調バイアスに陥る恐れがある。この安心感が一番危ない。この安心感から、避難勧告の遅れや見逃しはもとより、出すタイミングを間違えて多くの犠牲者を出し、被害を拡大させた例は枚挙にいとまがない。

　自ら避難準備情報を出しながら防災対策本部を離れ、飲食店で夜の会合を持っていたなど、防災意識が欠落した市長を見たこともある。

　何事もなく豪雨が過ぎ去り、これで判断は正しかったのだとの思い込みは、次の判断を誤る原因となる。今まではこのような考えも偶然にまかり通ったであろうが、しかし、現実は、いつまた西日本豪雨災害や熊本豪雨のような、それ以上の豪雨が来るか分からない未来が待っている。現実を超えた予測、「超現実予測」と明るいうちの事前避難が命を守る。超現実予測とは、想定外を想定するということである。

　それではなぜ首長の判断と災害現実とにギャップが生じているのか。

〈理由１〉

気候変動の著しい変化を認識していないことにある[1]。気象庁発表の世界の年平均気温の偏差の経年変化（1991〜2020年）によると、「様々な変動を繰り返しながら上昇しており、長期的には100年あたり約0.74℃の割合で上昇しており、特に1990年代半ば以降、高温となる年が多くなって」いる。また日本においては、長期的には100年あたり約1.30℃の割合で上昇しており、「特に1990年代以降、高温となる年が頻出して」いると発表している。この地球温暖化により、海水温が急上昇していることへの理解が、首長はじめ行政の幹部の中にできていないことが挙げられる。

〈理由2〉

首長によっては災害を目の当たりにした経験がないという人々もいる。ダムを含む河川改修や社会資本の整備が進み、今までの洪水常襲地帯の被害が減少していることにより、経験の機会がなかったことも考えられる。しかし、今日、洪水等による河川氾濫や土砂災害被害は、対策が未整備のところや、逆に整備が行き届き、今まで氾濫原であったところが住宅地となっているところに集中する傾向にあるので注意を要する。

[注]

[1] 「気象庁　世界の平均気温」〈https://www.data.jma.go.jp/cpdinfo/temp/an_wld.html〉（2018年1月9日閲覧）。

⑤　平成24年7月熊本水害時の人吉市と五木村の予測判断の是非が招いた安全例

平成24（2012）年7月九州北部豪雨は、朝鮮半島に停滞

人吉　2012年7月11日（1時間ごとの値）

時	気圧（hPa）		降水量（mm）	気温（℃）	露点温度（℃）	蒸気圧（hPa）	湿度（%）	風向・風速（m/s）		日照時間（h）	天気	視程（km）
	現地	海面						風速	風向			
1	988.2	1005.0	--	23.6	19.8	23.0	79	0.9	南	×	◎	15.3
2	987.7	1004.5	--	23.2	20.0	23.3	82	0.7	東	×	◎	13.1
3	987.8	1004.6	1.0	22.5	20.6	24.3	89	0.5	西	×	●	3.71
4	987.6	1004.4	2.5	22.1	20.7	24.5	92	0.9	南西	×	●	2.47
5	987.5	1004.3	0.0	22.5	21.0	24.8	91	0.9	東北東	×	P	4.19
6	987.8	1004.6	0.0	22.7	21.3	25.4	92	0.7	南西	×	◎	2.70
7	987.8	1004.6	--	23.1	21.6	25.7	91	0.9	北	×	◎	5.02
8	987.7	1004.4	--	23.8	21.9	26.2	89	0.6	北北西	×	◎	7.65
9	987.8	1004.5	--	24.8	22.3	26.9	86	1.5	南南東	×	◎	10.3
10	987.8	1004.5	0.5	24.6	22.5	27.2	88	0.8	東	×	●	5.41
11	987.9	1004.5	1.0	25.3	23.2	28.4	88	0.4	北	×	●	9.34
12	987.6	1004.2	0.0	26.7	23.6	29.1	83	0.8	東南東	×	☂	13.6
13	987.3	1003.8	0.0	27.4	22.8	27.7	76	1.3	南	×	☂	31.9
14	987.1	1003.7	0.0	26.5	22.8	27.7	80	2.3	南	×	☂	17.8
15	986.9	1003.5	0.0	26.1	22.8	27.7	82	1.7	東	×	☂	12.3
16	986.9	1003.5	1.5	25.2	23.3	28.5	89	0.9	北	×	●	3.39
17	986.8	1003.4	2.0	25.6	23.7	29.2	89	1.6	東北東	×	●	4.22
18	986.7	1003.3	2.5	25.0	23.4	28.8	91	1.3	東北東	×	●	3.37
19	986.9	1003.5	1.5	25.0	23.4	28.8	91	1.2	北東	×	●	3.58
20	986.6	1003.3	2.5	24.8	23.4	28.8	92	1.2	東北東	×	●	2.89
21	986.8	1003.4	0.5	25.0	23.4	28.8	91	1.5	北北東	×	●	5.79
22	986.9	1003.5	0.5	24.9	23.5	29.0	92	0.3	北北西	×	☂	5.06
23	986.7	1003.3	0.0	24.9	23.5	29.0	92	1.0	西北西	×	☂	3.39
24	986.2	1002.8	8.5	24.8	23.6	29.1	93	0.5	西北西	×	●	1.86

人吉　2012年7月12日（1時間ごとの値）

時	気圧（hPa）		降水量（mm）	気温（℃）	露点温度（℃）	蒸気圧（hPa）	湿度（%）	風向・風速（m/s）		日照時間（h）	天気	視程（km）
	現地	海面						風速	風向			
1	985.8	1002.4	0.0	24.8	23.6	29.1	93	0.2	静穏	×	☂	1.44
2	985.7	1002.3	0.0	25.1	23.9	29.6	93	0.5	北北西	×	☂	3.61
3	985.7	1002.3	0.5	25.4	23.8	29.5	91	0.7	西北西	×	☂	5.55
4	985.4	1002.0	0.5	25.3	23.7	29.4	91	0.6	北北西	×	☂	4.28
5	985.3	1001.9	0.0	25.3	23.5	29.0	90	1.1	北西	×	◎	5.63
6	985.9	1002.5	0.0	26.0	23.5	28.9	86	2.1	西南西	×	☂	6.37
7	986.2	1002.8	5.0	25.3	23.7	29.4	91	1.8	北	×		2.84
8	986.9	1003.5	9.0	25.0	23.6	29.2	92	1.2	東北東	×	●	0.84
9	987.2	1003.9	19.0	24.8	23.6	29.1	93	2.0	北東	×	●	0.68
10	986.6	1003.2	1.5	25.1	23.9	29.6	93	0.9	東北東	×	☂	2.46
11	988.1	1004.8	8.5	24.6	23.0	28.2	91	3.6	北北西	×	●	1.49
12	988.2	1004.9	24.5	23.8	22.6	27.4	93	2.0	南南東	×	●	2.86
13	988.0	1004.7	10.0	23.6	22.4	27.1	93	1.8	東南東	×	☂	5.52
14	988.0	1004.7	0.0	24.9	23.3	28.7	91	0.4	北	×	◎	9.97
15	988.0	1004.7	0.5	24.6	22.9	27.8	90	2.1	東南東	×	●	4.63
16	987.6	1004.3	0.5	24.3	22.6	27.3	90	0.8	南	×	☂	6.86
17	987.3	1004.0	5.0	24.7	23.0	28.0	90	0.8	南南東	×	◎	10.0
18	987.3	1004.0	2.5	24.9	23.2	28.3	90	0.3	東	×	☂	14.3
19	987.7	1004.4	0.0	24.8	23.2	28.5	91	0.4	東南東	×	◎	11.1
20	988.9	1005.6	6.5	24.5	23.1	28.3	92	0.9	北西	×	●	2.16
21	989.4	1006.2	20.5	23.9	22.5	27.3	92	1.7	北西	×	●	1.40
22	989.7	1006.7	27.0	23.3	22.1	26.6	93	0.5	西南西	×	●	1.67
23	990.0	1006.8	4.0	23.0	21.6	25.9	92	1.3	西北西	×	☂	1.87
24	989.9	1006.8	10.5	21.7	20.4	23.9	92	0.9	西南西	×	●	5.77

図3-1-6　気象庁　平成24年7月11日と12日の時間ごとの人吉地区の天気情報[1]

していた梅雨前線が12日朝には対馬海峡まで南下。梅雨前線の南側に当たる九州北部地方では、東シナ海の湿った空気が流れこみ、九州北部に線状降水帯が発生して豪雨をもたらしたものである。そのとき、人吉市長だった私は10日から気象予報に注意を払った。人吉地方の11日午前現在は、図3－1－6の通り午前中は晴れの現況であったが、避難所開設の準備に入った。12日には午前7時から午後1時まで激しい雨が降り、以後、小康状態に入ったのを見計らって、午後4時には避難勧告を発令した。これはたまたま小康状態となったもので、水害の発生状況を見極めながら豪雨中でも明るいうちの発令が肝心である。そして、午後9時からは再び激しい雨に変わり、川辺川上流の五木村では11日午前2時から13日午前2時までの総雨量は、410.5㎜を記録した。

　五木村は避難所を開設したうえで、九折瀬（つづらせ）地区の全住民に明るいうちの自主避難を要請した結果、住民は九死に一生を得たが、住宅被害は全壊3棟、半壊2棟であった。この被害により、地区の戸数13戸、住民48名は、平成30（2018）年現在で9戸、29名となった[2]。

　柿本氏他、前掲論文（2012）によれば、「終わりに」として、「熊本県は、この2012年の阿蘇市土砂災害を教訓に、2013年より夕刻の時点で深夜に大雨が予想される際、明るいうちから避難を促す『予防的避難』の取り組みを始めた。この取り組みは画期的である」と記している。しかし、人吉市と五木村は、すでに平成21年から「事前避難」に取り組み、その結果、五木村は九折瀬地区の住民の生命を守り切ったのである。この五木村の生死を分けた他の要因は後

述するが、なぜ人吉市と五木村はいち早く事前避難に取り組むこととなったのか以下に説明する。

【事前避難に取り組む首長の共通点】

1．20代前半から消防団員としての訓練と出動実績があり防災意識が高い。
2．水害、土砂災害、土石流災害の現場を目の当たりにしてその脅威を実感している。
3．多数の死者を出した災害では行方不明者の捜索に当たり沈痛な現場を知る。
4．行政区内の人間関係が濃密で首長から区長への提案、指示が住民まですぐに届く。

　平成24（2012）年ごろまでは、人吉市の事前避難勧告発令に対し市民の中には、「まだ、そんなに雨も降っていないうちから避難勧告を出すのは早すぎる。無駄な避難になったならどうするのか」などの苦情が殺到したことがある。私はこのとき、職員とともに雨雲が九州を南から北に縦断する、異常なまでの降り方をすると分析していた。

　防災会議を幾度となく開き、予測を重ねた結果の前日避難勧告であった。現実は、たまたまそれが少しずれて阿蘇地方や熊本市周辺の九州北部に被害が及び、人吉地方は偶然、被害を免れたに過ぎない。阿蘇地方や熊本市から直線で約100kmしか離れていない地理に位置する人吉地方にも、経験したことのない雨が降っていたかもしれない。雲の流れや広がりからすると100kmの距離や幅など僅差でしかない。避難勧告が無駄だとしても、空振りだとしても、命を守ることに無駄ということはない。

その無駄を覚悟のうえで事前避難を要請したほうが、五木村のように万が一を避けることができる。無駄の先には、安堵がある。

　その人吉市民もこの平成24年九州北部豪雨の災害を、同じ県内の阿蘇市や熊本市の現実の報道で目の当たりにして、これ以降の明るいうちの事前避難は、逆に「早めの避難勧告を出してくれるので、避難しやすい。ありがたい」「私は父母と離れて暮らしていて、すぐには人吉に帰れないが、早めに避難勧告を出してくれるので、電話で年老いた父母に避難を勧めることができる。安心だ」との声に変わった。

　このように、防災安全度を上げる一番の課題は、首長の防災意識と超現実予測にある。つまり、想定外を想定するということだ。これは何も災害にかぎったことではない。あらゆる施策の中でも深謀遠慮が求められる。この意識が高ければ高いほど、地域の様々な防災安全度は充実し事前避難が習慣となり、空振りのときは、それが訓練となる。

[注]
1 「気象庁　データ」〈www.data.jma.go.jp/obd/stats/etrn/index.php〉（2018年11月9日閲覧）。
2 五木村役場における筆者の調査、2018年12月3日実施。

⑥　考察
　首長は、気象環境が著しく変化し、現在の河川整備状況を上回る災害が発生する可能性が高くなっている現実を直視しなければならない。そのためには、絶えず様々な災害を他山の石として謙虚に学ぶ必要がある。ほかの地方に災

害をもたらした雨が、わが地方に降ったならばどのような状況になるのか。それを踏まえて、いつ避難勧告を判断し、どのように行動するかというシミュレーションを行ってみることだ。

　タイムラインという考え方がある。タイムラインとは、災害の発生を前提に、防災行動とその実施主体を時系列で整理した計画である。平成24（2012）年、米国のニューヨーク州知事らがタイムラインを基に住民避難に対する対策を行ったことで、ハリケーン・サンディによる被害を最小限に抑えることができた。このことに注目した国土交通省は平成25年、調査研究を実施し、その年の10月には報告書によって提言を行った。そして平成26年、防災・減災に向けタイムラインの考え方を生かした行動計画を検討するため、防災行動計画ワーキンググループを設置し、日本における防災タイムラインが完成している[1]。

　台風の上陸や前線の停滞による降雨時の120時間前から災害対策本部を立ち上げて様々な準備を整え、災害とその後の対応に当たるものである。自治体レベルでも同時進行し、住民の安全の確保と災害救助に当たらせる。

　また、河川の水位に合わせて、あるいは気象庁の予報の危険度に合わせて、国、県、市区町村の行政的役割を事前に取り決めておき、それに従い防災活動を行うというものである。

　私は平成21年より気象庁等の予報を基に、人吉地方に災害がもたらされるかもしれない3日前（タイムラインでは5日前）から台風の進路等や異常降雨情報の収集を担当職員とともに怠らず努めた。事前の準備として、水防団、消

防署、警察署等への協力体制や広報体制、避難所の準備、寝具や食料、医療体制の確保を行う。降り始めからの累積降雨量や現在の1時間当たりの降雨量、さらに今後の気象予報などを協議して予測する。予測が外れてもよいという覚悟で、台風や降水帯が通過する前の明るいうちのどこで発令するかを中心に協議した。

異常降雨により従来の避難判断基準が当てにならなくなる一方で、自治体は今後、何を基準として避難情報を発令すべきかという課題が浮上する。

雨の降り方や前後の降雨量が、地域全体の山や川にどのような急激な変化をもたらすか、特に線状降水帯時には分からない。また、ダムの限界が洪水を助長する要因となってくることを考慮すると、水位計だけを見ていても的確で適時な避難判断は下せない。

従来の判断基準では発令が遅れるのではないか、また、避難は空が明るいうちに実行したほうが安全だとの学びも重なり、空振りによる市民の非難を覚悟で災害対策本部にて集めた気象予報を基に、今後の総合的な予測こそが新たな判断基準になるとの結論に至った。どのようなことが起こりうるか推移を見守りながら最悪の事態を想定し、早期の避難情報、危険地帯の住民へ事前避難を発令することを決めた。

避難に時間を要する病院や介護施設の入所者の避難に関しては、その立地や地形等を念頭に対応する必要がある。受け入れ先も含めて十分に日頃からの対策、訓練を官民一体となって講じておく必要がある。

この取り組みにより、1日前から避難所開設の準備が整

い、万が一のときの災害対応のスピードにも違いが出てくるし、前日事前避難は何といっても職員の心構えにも余裕が出て負担感が少ない。

　以上のことが人命を保護できるかどうかの対応の分岐点となっている。ポイントは、タイムラインと同じように3〜5日前から気象予報の慎重な検討を行うという意識である。ただし、線状降水帯を発生させる前線の動きは、タイムラインでは、判断が遅きに失することがあるので、この点も忘れることなく気を付けなければならない重要なポイントである。

　東日本大震災や各地の豪雨災害でも分かるように、自然災害においてどれだけ投資をしても、すべての被害から逃れることはできないことが明らかになった。ハード、ソフトの両面の組み合わせによる防止策を怠りなく務めるとともに、最悪の事態を想定した予測を基にして、危険発生予想地域の住民の事前避難をいかに徹底させるかが課題である。

　予測に、確たる根拠はない。あくまで超現実予測である。しかし、今や従来の基準に従っていては、手遅れの事態が発生していることは事実が示している。気象庁のスーパーコンピューターと自治体の気象情報端末機とがつながり、AIがすべてを予測する時代がやがて来る。

[注]
1　国土交通省水管理・国土保全局「タイムライン」〈www.mlit.go.jp/river/bousai/timeline/〉（2018年11月9日閲覧）。

（2）　自治体における気象観測

①自治体における気象観測の現状

　様々な災害からの危険を予知し少しでも被害を減らそう
と、自治体の中には気象観測を実施しているところがある。
気象観測を実施するとなると、まず気象庁に届け出を行い、
気象庁の定めた検定に合格した観測機器を使う。また、そ
こで得た気象情報を公表する許可を得たうえで、気象予報
を行うことになる。気象観測を実際に行っている自治体は、
全国1,741もの基礎自治体の中で、研究や教育目的のため
の気象観測を除けば、広島市と日立市など数えるほどもな
い。これらの自治体は、どのような目的から観測を行って
いるのか。また、なぜ少数の自治体だけなのか。ほかの自
治体に、なぜ広がらないのか。

　東京都八王子市は、平成22（2010）年に27年間にわたり
観測を続けた天気相談所を閉鎖し、気象庁に廃止届を出し
ている。理由は、民間事業者による気象状況のネット配信
の充実と経費の面としている[1]。

　今日、気象庁ではアメダスやレーダーエコー、静止気象
衛星画像、高層気象観測等、多種多様な手法により、大気
の三次元的な状態や気象現象の立体構造を捉えた観測[2]を
行っている。これにより全国的、地域的な気象予報の正確
性を担保している。その予報を民間業者が気象情報として
受け取り、さらに速報性をもって情報公開していることが、
自治体による気象観測が広がらない理由として考えられる。

　気象庁は、民間組織や個人、自治体に気象観測及び予報
の機会を気象業務法第6条により与えている。ただし、第

9条においてその業務は、技術上の基準を満たした、検定に合格した観測機器によらなければならないとある。その理由は、観測の正確性を担保するために機器の精度と性能の維持が不可欠であること、または予報の正確性、統一性などを図る理由からであることは推測できる。

　自治体による気象観測が広がらない理由として、八王子市の場合からも分かるように、自治体が気象観測並びに予報を検定に合格した観測機器により始めようとすると、その観測機器は自治体において広範囲に多数設置し管理しなければならないことが挙げられる。例えば、広島市は雨量計設置数31カ所、日立市は観測箇所7カ所、観測機器設置数33カ所となっている（平成30年6月28日現在）。多数の観測機器の設置や人材確保、運用など、その費用の面からも自治体独自の観測対応は極めて重い負担となる。

　気象観測を実施している数少ない自治体の一つである広島市に気象観測を始めた経緯や平成26（2014）年の豪雨災害を受けて観測体制はどのように変わったかなどの質問を行ったところ、以下の回答を得た。

　「雨量計設置の経緯として、2016年度までは土砂災害に関する避難情報の発令について、市内を52ブロックに分け、各ブロックでの実効雨量（72時間）を基準としていました。国や県が設置する雨量計のみでは各ブロックの雨量を観測するには不足があり、本市においても雨量計を設置したものです。

　2014年度の豪雨災害を受け、避難情報の発令基準として、2015年度からは実効雨量に併せて土砂災害に関するメッシュ情報を活用し、2016年度からは、実効雨量を基準とし

て採用せず、土砂災害に関するメッシュ情報のみ活用する運用としましたが、現在も、国、県及び本市設置の雨量計による観測雨量を参考情報として活用しています。

　また、県及び国の雨量計（49カ所）と本市雨量計の雨量データを広島県と相互提供するとともに、本市の防災用ポータルサイトにより、インターネット上で市民に雨量データを公開しています」（広島市危機管理室災害対策課2018年6月28日）

　自治体は独自に観測することにより少しでも早く、情報を住民に伝えようと努力をしているところではあるが、以上のように限界がある。それでは気象庁以外の国の機関はどのように情報を手に入れ発信しているのか。

[注]
1　『八王子経済新聞』2010年4月1日、『日本経済新聞』2010年5月7日。
2　「気象庁　気象観測HP」〈https://www.jma.go.jp/jma/kishou/know/kansoku/weather_obs.html〉（2018年11月9日閲覧）。

②　国による取り組みの現状と基礎自治体からの期待

　例えば、国による一級河川の水位観測は、それぞれの地方の大河川に水位観測施設が設置されている。昭和49(1974)年9月の多摩川水害時に、東京都狛江市の19戸の川べりの家が次々に流失していく映像が今でも私の目に焼き付いている。以来49年が過ぎた。多摩川の現在の取り組みとして、雨量・水位情報システムの設置箇所は7カ所、ライブカメラ設置箇所は9カ所である。日本三大暴れ川の一つで坂東太郎の異名を持つ利根川水系は、雨量・水位情報システム

設置箇所は13カ所、ライブカメラによる増水監視箇所は38カ所[1]である。このほかに、橋脚や堤防に水位を計測するラインを色分けして施し、目視で観察する方法や河川に水位標柱を立てて観察する方法などもある。しかし、地域の溝や内水も含めた小河川には、これらの機器やシステムは、ほとんど設置されていないのが現状である。歩行中に水で溢れた小河川や溝に足を取られて、命を落とす例は令和2年7月豪雨の被害で示した通りである。小河川や溝レベルの水路にも監視・警報システムが張り巡らされていれば、助かる命もある。しかし、市町村管轄の小河川では国のような施設、設備は財政上できていない。

　また、土砂災害の危険度について気象庁は、土砂災害警戒判定メッシュ情報で発表している。1km四方まで見ることができ、大雨警報や土砂災害警戒警報等により、注意や避難を呼びかけているが、メッシュで示された範囲の1km²以内のより的確な範囲の土砂災害の危険を把握するまでは至っていない。1km²以内でも、特にどこに豪雨が集中するか、また、地質、地形も異なり、土砂災害発生箇所を特定して警戒を呼びかけることは現在のところできない。また、大雨洪水警報もピンポイントで地域の小河川や溝の越水等が、いつ、どこで、どのように発生するかまでは予測できない。

　しかし、ゲリラ豪雨などをピンポイントで把握できる気象レーダーが、このたび開発された。このレーダーは、情報通信研究機構や東芝、大阪大学、名古屋大学が開発を進める最新の気象レーダーで、平成29（2017）年10月に埼玉大学に設置された。この最新のレーダーは、「内閣府が主

導する『戦略的イノベーション創造プログラム』（SIP）
の課題『レジリエントな防災・減災機能の強化』の一つの
研究開発項目『豪雨・竜巻予測技術の研究開発』に対応し
た研究開発課題『マルチパラメータフェーズドアレイレー
ダ等の開発・活用による豪雨・竜巻予測情報の高度化と利
活用に関する研究』（研究統括：高橋暢宏）による成果の
一つ[2]である。この共同研究には、先の４機関のほか、防
災科学技術研究所、日本気象協会、首都大学東京、鉄道総
合技術研究所、山口大学、埼玉大学が参加しており、今後、
超高速かつ超高精細なゲリラ豪雨予測の加速が期待できる
という。

　このように、国も今日の異常気象をより詳細に、地域ご
とに捕捉して減災に役立てようと様々な技術革新を進めて
いる。しかし、地域の土砂災害警戒判定メッシュ情報によ
り一定の範囲は予測がついても、依然として、いつ、どこ
で、どのように土砂崩れが起こるかは分からない。

[注]
[1]　利根川上流河川事務所「水位観測所」〈https://www.ktr.mlit.
　　go.jp/tonejo/tonejo00170.html〉（2018年11月９日閲覧）。
[2]　「埼玉大学研究トピックス」〈https://www.saitama-u.ac.jp/topics_
　　archives/2017-0710-1757-9.html〉（2018年11月９日閲覧）。

③　**自治体の長はまず被災地視察**
　首長自身は、様々な自然災害に対する防災意識を高めな
がら、日頃からの被災地研究、現地調査などを通じて徹底
して学んでおくことが大切である。このことが、住民の生
死を分ける重大な分岐点となる。

　出口竜也氏[1]や井出明氏[2]によると、1990年代半ば、イギリスの学者たちにより提唱されたダークツーリズムという旅の形態がある。日本をはじめ世界のどこにでもある負の遺産というべき、戦争被災地、収容所、自然災害被災地、公害発生地等への「悲しみを共有する観光」の旅である。

　今後、自らの行政地域で避難判断の遅れから同じ過ちを犯さないために、首長は自然災害被災地をはじめとして様々な負の遺産の土地から学ぶことは、疑似体験値として有効ではないか。さらに被災地住民の声も貴重な政治課題として把握できるなどの新たな視点がそこには存在するのではないか。

　私は、東日本大震災の四重苦に悩まされている南相馬市に、調査とともにボランティアとして被災年より10回ほど慰問を続けてきた。東日本大震災から1年を過ぎた夏のある朝、仮設住宅を訪れたときのことであった。進入路の向かいの木陰の椅子に腰かけていた老婆が話しかけてきた内容は、深い悲しみと孤独からくる絶望を感じさせた。

　「放射能で、息子たち、娘たち家族は、孫を連れて出て行ってしまった。夫は、津波でさらわれたのだろうか、まだ帰ってきていない。家は流されてしまったよ。私は買い物に出ていて助かったんだ。この仮設に一人で住んでいる。一人でいて、何のよりどころもないよ。早く主人に帰ってきてほしいよ。本当にひとり……」と、悲痛な話を、問わず語りに聞かせてくれた。家族はいつの日か訪ねてくることはあっても、今は、一緒に住めない理由があるのだろう。頼りとする夫もまだ帰ってきていない。私は、そのとき、どんな慰めの言葉も出なかった。生きて今を苦しむ人々の心

にも寄り添う必要がある。負の遺産の地に寄り添い、学び、そして、同じ悲しみを地域の守るべき人々に経験させてはならない。なお一層の現地調査と防災への学びが、災害予防へとつながる。

[注]

1 出口竜也 「Research and Journals －主な論文、特集号、新刊紹介－」『World Tourism Update Bimonthly Newsletter of Tourism Education &Research』〈https://www.wakayama-u.ac.jp/_files/00038287/WTU_no_2.pdf〉（2018年11月24日閲覧）。

2 ゲンロン出版部「【再録】「ダークツーリズム」って何ですか？観光学者・井出明先生に聞いてみた！」〈http://genron-tomonokai.tumblr.com/post/94145697695〉（2018年11月24日閲覧）。

（3） 土砂災害を監視する新たなシステム

① ICT技術〜地理空間情報とセンサー機器を活用したIoTネットワーク

次に地震とともになかなか予測がつき難い、降雨による土砂災害への対応を述べる。

土砂災害においては、山の地質や内部構造、あるいはその表面の風化度合い、及び水による浸食や内部の水脈の状況が透視できない限り、予測は不可能ということになる。

そこで以下、この土砂災害から人命を守るソフト対策として、様々な斜面計測器がある中で、新たな土砂崩れ監視機器の実際を述べることとする。

山間地、小河川を抱く地方の特別土砂災害警戒区域等の範囲において、安価で小型・高性能の民生の観測機器を活

用し、土砂災害等の発災を観測・監視する体制を構築して、降雨時にそれらによる観測結果をいち早く住民に伝達し、避難させることができれば、人的被害の拡大を防ぐことができる。以下に述べる土砂災害監視システムは必要不可欠なシステムとして各地で活用されることを期待している。

　新たな観測・監視システムで想定している観測ターゲットは、第一に地表から1.5m下との間の地盤のゆるみ、ゆがみ、ずれである。第二に小河川の水位である。これらの観測データを日常的に蓄積していけば、降雨時あるいはそれ以外でも発生する土砂災害等を発生前に予測することができ、この予測を基に住民等をいち早く避難させ、安全な場所へと保護することが可能となる。これらの予測は、変動データを観測した時点で、降雨時は気象庁発表の予報に照らし合わせるとともに、さらに遠隔目視による現地調査を組み合わせて行えばよい。また、この観測システムは住民自らが自らの通信デバイスから常時データを入手することも可能であり、住民自らの判断で避難を行うことも可能

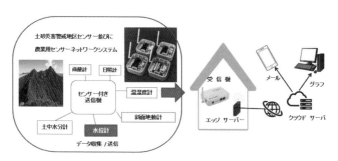

図3-3-1　土砂災害警戒地区センサー並びに農業用センサーネットワークシステム[1]

となる。

　この場合でも同じ情報を把握している自治体がまず能動的に動く必要がある。現場の状況はどうか、何が変化しているのかなど、自治体と住民とが連絡を取り合いながら避難場所の確保を速やかに行うことである。

　この機器は、気象庁の観測機器のような観測結果の正確性を問うのではなく、日常と異常との違いが分かれば良しとする簡易観測機器である。そのアバウトな観測結果でも万が一を想定して避難を行えば、住民を生命の危険から遠ざけることができる。

　今日の地方で発生する土砂災害の全国的発生回数、状況を振り返るとき、自治体における地動、水位観測及び監視は、住民等の保護のうえで必須である。特に土砂災害特別警戒区域並びに土砂災害警戒区域においての土砂災害等観測・監視ネットワークシステムの構築は、センサー情報とともに日本版 GPS 衛星「みちびき」の位置情報、時刻情報も活用しながら、それぞれのセンサーが発信する情報により観測、記録、分析を可能とし、1 センサー、1 ゲートウェイ、1 ルーターがわずか数万円で設置が可能となれば各自治体でも取り組みやすいのではないか。これらの通信機器やセンサーは、地元企業で組み立ても可能であり、地場産業の育成や起業にもつながる。しかも、安価であれば、裏山や近くに小河川や溝を持つ地域住民自らも設置できる。自らの通信デバイスで観測、情報収集が可能であり、また、地域の田畑などに、温湿度、気圧、水位計、土中水分計などを設置して、農業に役立つネットワークも構築できる。様々な用途のセンサー同士を結べば、これこそ IoT ネッ

トワークが構築できるのである。従来の斜面計測機器では、数種類のセンサーの組み合わせや IoT ネットワークシステムを構築することは考えられなかったことである。そこで、IoT ネットワークシステムを構築するためには、まず各自治体においては通信インフラの整備が優先課題となるが、これも民生品で安価に賄うことができる。

[注]

[1] 筆者並びに和歌山大学秋山演亮作図。

②　自治体における土砂災害監視用 IoT ネットワークの必要性

　そこで、熊本地震を今一度振り返ってみる。平成28（2016）年4月14日21時26分、熊本県熊本地方の深さ11kmを震源とするマグニチュード6.5の地震が発生し、益城町で最大震度7が観測された。これ以降は余震として気象庁は注意喚起を促したが、4月16日1時25分、熊本県熊本地方の深さ12kmを震源とするマグニチュード7.3の地震が発生し、益城町、西原村で最大震度7が再び観測された。これを本震とし、南阿蘇村では阿蘇大橋周辺をはじめ大規模な土砂崩壊が起こった。この土砂災害による死者10名はすべて南阿蘇村での被害であった。

　また平成30（2018）年4月11日未明、1週間程度、雨も降っていない気象状況の中、大分県中津市耶馬溪町金吉で土砂災害が発生。4軒の家屋が土砂に埋もれ、住民6名が行方不明となった土砂災害が発生した。懸命の捜索作業により23日までに行方不明者6名全員（うち1名は妊婦）が

発見されたニュースも記憶に新しい。この高さ100m、幅200m四方が崩壊した山の一帯は土砂災害特別警戒地域であった。

　仮定ではあるが、南阿蘇村の土砂崩落現場に、地震発生前から提案した一連の土砂災害等監視システムが設置されていたとすると、4月14日の前震による斜面のゆるみ、ゆがみ、ずれは把握できていたかもしれず、本震以前にデータ観測と遠隔目視による現地調査を踏まえて、避難あるいは立ち入り禁止等の措置がなされていれば助かる命もあったかもしれない。同じように耶馬渓町でもこのシステムが実用化されていたならば事前の避難につながったかもしれない。

　全国の自治体が、地象、地動、水象観測をこのシステムにより、地方の危険地域での観測・監視を行うことができれば、土砂災害、小河川の増水による被害から住民等の生命を守ることは可能となるのではないか。新観測・監視システムの実証実験を通して、今後の地域防災監視システムを確立し、小地域における災害予測のための観測や監視システムが地域生活において必要不可欠な対策ツールとなることを願っている。

　さらに先に述べた通り、これらの土砂災害等監視システムは、防災ばかりでなく、有害鳥獣の監視システムとしても活用でき、また住居地域では子どもやお年寄りの見守りシステムともなり、田畑地域ではIT農業の一端を担うとともに、4役も5役も果たすことができるのである。情報通信インフラの整備を地域に計画し、これらのセンサー・通信ネットワークを自治体に張り巡らせることができれば、

まさに真の IoT ネットワークシステムといえる。

③　新たな防災観測・監視機器の開発とその法的根拠

　地震計は3次元空間の XYZ の3成分のセンサーを備え、それらを直交する南北・東西・上下の各方向にそろえて設置することで、地面の三次元的な動きを把握できるようにして計測することが一般的である。しかし、私の提案が求め、設置したい観測機器は、度重なる雨などにより山や崖がどのように変化していくかを観測する機器である。地表から地下の1.5m間のゆるみ、ゆがみ、ずれを計測する民生品の簡易斜面地動計測器である。それを基地局となる自治体で情報を収集しながら分析、監視するのである。

　土砂災害の予測に必要な情報は、これまでの降雨量、これからの1時間当たりの地域降雨量予測と日常的な斜面地動計測器等から得られた斜面のゆるみ、ゆがみ、ずれのデータ情報、それに現地遠隔目視の四つの視点の組み合わせから得ることができる。

　これらの視点を踏まえれば、今後、土砂災害警戒区域等では、どのようなことが起こりうるか、予測と判断が可能となる。また、これらのセンサーを溝も含めて小河川に設置すれば水位計となり、降雨量によりこれらの小河川の上流、中流、下流がどのように変化しているかも監視もでき、土砂災害予測と合わせて、小河川増水時を避けた明るいうちの早めの避難が可能となるのである。

　実際には、狭い地域の範囲で、突然、上空10数kmまで10分ないし20分ぐらいで一気に立ち上がるバックビルディング現象（積乱雲）による異常集中豪雨の観測ができたとし

ても、これらのゲリラ豪雨から引き起こされる土砂・土石流災害が、どこでどのように起こるかは誰も予測できていない。そこで気象庁による上空観測と自治体による地表観測との両面観測が必須となる。

　また、自治体として間断なく山間部を常時計測し、そのデータを管理するための法的根拠は、災害対策基本法に求めることができる。

　災害対策基本法第47条には、「指定行政機関の長及び指定地方行政機関の長、地方公共団体の長その他の執行機関、指定公共機関及び指定地方公共機関、公共的団体並びに防災上重要な施設の管理者は、法令又は防災計画の定めるところにより、それぞれ、その所掌事務又は業務について、災害を予測し、予報し、又は災害に関する情報を迅速に伝達するため必要な組織を整備するとともに、絶えずその改善に努めなければならない」とある。この観測機器の設置は、第47条を根拠として、防災計画の一つの柱とすればよい。

　そこで、これらの機器の運用、管理や情報収集、伝達には、訓練された職員の養成が課題となる。国には災害対策基本法第47条により、その予算措置を講じることが求められる。

（4）　災害発生後の課題

①　災害関連死
　災害後に発生する災害関連死をどう食い止めていくのかも重要な課題である。

　災害関連死は、避難生活における体調の悪化が主な要因である。災害関連死は阪神・淡路大震災で初めて注目された。神戸市によれば、全犠牲者の14%（912名）が災害関連死で、避難所でインフルエンザの集団感染が発生したほか、誤嚥性肺炎で亡くなる人も多かった。

　また、新潟県中越地震や熊本地震の際は、長引く避難所生活でエコノミークラス症候群を発症する人が続出した。特に、高齢者は運動不足や免疫力が低下しているうえに、食事や生活環境の劣化などによる変化が避難生活に耐えきれない状況をつくり出している。また、体力や精神的ストレス、将来への不安など心の負担も重なり、心身ともに消耗が激しいことが挙げられる。さらに、被災した病院機能のマヒが、災害後の病状悪化につながるケースも多い。

　南相馬市は、放射能汚染による避難指示などで市立総合病院をはじめ八つの病院が機能マヒに陥った。避難を余儀なくされた医師や看護師などの移住により、人手不足はいかんともし難かったという。

　震災1年後に桜井氏は「今、一番大切なのは、医療と教育であり、医療がゼロになったら、どうするのか。医師は徐々に増えてきているが、子供を持つ看護師は、雪崩を打つようにやめていく。心理的な恐怖感や子供に対する愛情で、この地を離れたいと考える」[1]と述べ、この1年で市職員は約60人、看護師を含めると約130人も退職したと説明。「福島第一原発が冷温停止しても、職員がいなくなれば、自治体自体がメルトダウンしていくと訴えた。さらに、『相双地区』と言っても、南相馬市と相馬市では状況が全く異なるとし、各地域の刻一刻と変わっていく状況に対応でき

るよう、政府の適切な支援」[2]を求めた。

　南相馬市立総合病院の当時の副院長及川友好氏が問題視したのは、政府が３月15日に半径20〜30km圏内に出した「屋内退避指示区域」の指定であった。南相馬市立総合病院は、福島第一原発から約23kmの場所にある。「民間の規制は、政府規制をはるかに上回った。多くの業者が50km圏内を出入り禁止とした。メディアが病院まで来ないために、私が50km圏外まで出向き取材に応じたこともある。また公的機関にも不可解な規制をもたらす」[3]と及川氏は語っている。

　「液体酸素などの物流が途絶えた上に、救急車やドクターヘリまで、半径30km圏内に入ってこなくなった。南相馬市立総合病院では入院規制により、当時入院していた107人の患者の搬送を行ったが、まず自衛隊車両で半径30km圏外に搬送、その後、救急車に換え、大半の患者を200km以上離れた新潟県まで搬送した」[4]という。

	震災前			2012年２月１日		
	病院	診療所	計	病院	診療所	計
小高区　※	2	7	9	0	0	0
原町区	5	29	34	5	24	29
鹿島区	1	3	4	1	2	3
合計	8	39	47	6	26	32

※福島第一原発から半径20km圏内の「警戒地区」。

図3-4-1　南相馬市の医療の現状（桜井勝延氏の発表データによる）[5]

　このように、被災者や入院患者への医療不足や、災害関連死を少しでも防ぐ施策が災害後に求められるのは必然のことである。そこで病院運営マヒの解消や避難所での様々な予防策や対策が提案されているが、自治体の立場から考

えると、病院機能が失われている中で、職員だけではとても手が回らない。職員も被災したり死亡したりして人手不足も甚だしい状況にある。そこで、提案であるが激甚災害時等の医療の確保に応えることができる病院船の建造を急ぐべきである。ベッド数1,000床の規模と設備、人材を備えた病院船であれば救われる命は計り知れない。また、他国の災害のときも活躍できるし、日本らしい世界的貢献ともなる。

[注]

1 橋本佳子（m3.com 編集長）「「今、一番深刻なのは看護師不足」、南相馬市」2012年3月5日
　〈https://www.m3.com/open/iryoIshin/article/149616〉（2018年12月31日閲覧）。

2 京正裕之（m3.com 編集部）『震災後10日間、「病院は孤立した船だった」』2011年11月14日 〈https://www.m3.com/open/iryoIshin/article/144323〉（11月9日閲覧）。

3 前掲。橋本（2012）。

4 同上。

5 前掲。京正（2011）。

②　国と地方との不断の連携強化の必要性

　平成26（2014）年、平成30年の広島市の豪雨災害でも分かるように、自治体が気象庁の許可を得て気象観測を行っても、穏やかな気象状況や豪雨以外では実効性が認められるのだが、今日の経験したことのない豪雨の前には、参考観測としか言えない無力感がある。また、八王子市の例でも示しているように、気象庁の予報の正確性や民間の速報性を顧みたとき、その負担は、自治体にとって大きいもの

となる。

　そこで、気象予報の正確性と統一性は気象庁に、速報性は民間のネット配信や報道機関に委ねるとして、自治体の役割としてはいち早い情報の収集と、それらの情報から予測を立て避難計画や避難体制を図り住民の身の安全を確保することが重要となる。三者一体の役割分担が望ましいと考える。そこで、災害現場を抱える基礎自治体において情報収集能力の向上がカギとなるが、まずは国からの情報伝達の在り方に一石を投じておきたい。それは、国、県、市町村との連絡体制の整備である。

　平成30（2018）年1月25日付朝日新聞は以下のように報じた[1]。

　　2018年1月23日午前、12人が死傷した草津白根山（群馬県草津町）の噴火災害で、前橋地方気象台が噴火警戒レベルを1から2に引き上げた際には草津町に連絡したが、2から3に引き上げたときは、気象台から草津町に連絡していなかったことが明らかになった。24日、草津町長は報道陣に「一つ間違うと被害が生まれかねない」と気象台への苦言を呈した。前橋地方気象台によると、発生から約1時間後の23日午前11時すぎ、気象庁が警戒レベルを1から2に引き上げた。その際、気象台は町に電話で伝えたが、約45分後にレベル3に上がった際は連絡していなかった。気象台の担当者は「法律や取り決めに違反したわけではないが、重要な情報なので連絡すべきだった」と話した。

　国と地方との関係は、普段は毎年1回、梅雨に入る前の5月ごろ、各地方気象台が自治体をまわり、近年の気象傾向と最新の気象予測を説明に出向する。しかし、今回の警戒レベルの引き上げに際し、二度目は連絡をしていなかったとあるが、このことが国と地方との関係をよく表している。

　先の係官が述べているように、気象業務法には、国と地方との関係は特別警報に関する条項があり、その発令のときは連絡先として警察庁、消防庁などとともに都道府県であり、市町村にはその発令の旨を都道府県が行うこととしている（気象業務法第15条1、2）。よって先の係官は、気象業務法に反したわけでもなく、連絡に関する取り決めなどの施行令はないので、気象庁から市町村レベルの自治体への連絡義務はない。

　しかし、地元の自治体としては、重要な気象、地象、水象情報はいち早く入手したいのである。この事例は、気象情報だけでなく南相馬市長も指摘したように、あらゆる災害や事故に対応した連絡、調整をはじめとする国と地方との連携の在り方を今後検討し、速やかに構築する必要があることを示唆している。災害現場は基礎自治体の地域の中にある。

　基礎自治体は常に上位の広域自治体を意識している。今後、非常事態が発生した自治体から国、県への連絡の在り方もシステムの問題としても改善の余地はないか、双方向からの検討が必要である。相互連携の新たなシステムが求められる。広島市でも国、県と、降雨量の情報交換をしているように、今後は、相互の情報交換連絡ネットワークシ

ステムの構築が望まれる。気象、地象、水象、地震情報を
はじめ、家畜・家禽等の病害等、すべての災害、被害に関
しての双方向の連絡調整システムが、全国的な重要課題で
あると南相馬市周辺自治体と草津町の事例は訴えている。

[注]

1 「火山性微動 4 回、噴火警戒　草津白根山、地震も23回」『朝日新聞』
　デジタル版、2018年 1 月25日付
　〈https://www.asahi.com/articles/DA3S13328865.html〉（2018年
　11月 9 日閲覧）。

③　気象業務法第15条に関する政令の改正案

　気象業務法第15条第 2 項は以下のように連絡体制を定め
ている。「前項の通知を受けた警察庁、消防庁、都道府県、
東日本電信電話株式会社及び西日本電信電話株式会社の機
関は、直ちにその通知された事項を関係市町村長に通知す
るように努めなければならない」。

　豪雨災害をはじめすべての災害において、基礎自治体の

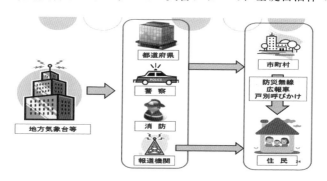

図3-4-2　熊本県危機管理防災課　気象業務法第15条による現在
の警報発令の流れ[1]

長である市町村長には取り次ぎ連絡でしかない。国の機関
等や都道府県への通知と同時に警報を発令すべきである。
よって第2項を改めて、「都道府県」の後に「市町村」を
併記し、同時発令することを提案したい。同時に東日本大
震災での電源喪失等による原発建屋の水素爆発に伴う避難
発令の事例にもあるように、Jアラート、Lアラートの連
携も考慮したすべての災害等に即応した緊急連絡体制の法
整備を急ぐ必要がある。

[注]
1　熊本県知事公室危機管理防災課「2012年7月12日発生の熊本広域
　大水害の災害対応」
　〈https://www.soumu.go.jp/main_content/000295098.
　pdf#page=24〉（2018年11月9日閲覧）。

④　自治体における防災タイムテーブルと通信インフラの整備

　タイムラインは国、県、市町村が行政的役割分担やそれ
ぞれの連携、行動を明確にして事前の災害に備えるという
点で極めて有効な手段であり、このことが徹底されるのを
願うものである。しかし、果たして災害時にこのマニュア
ル通りに組織的機能が発揮されているだろうか。末端の国
の施設（例えばダム管理事務所）にまで浸透し、実行され
ているだろうか。
　また、自然災害はマニュアル通り進んではくれない。水
位や気象予報の危険度も一つの指標として大切な情報であ
るとともに、急激な気象変化による増水や短時間で到達す
るダムの放流への対応も同時に重要である。また気象庁の

予報もそれぞれの地域に、的確に、タイムリーに発令されるとは限らない。現実とは前後するときもある。気象予報を最重要情報として、ダム放流情報、刻々と変わる水位情報、浸水被害情報など、きめ細かな情報の伝達が求められている。

しかし、なぜ、水害や土砂災害から住民は逃れることができないのであろうか。それは、行政や住民の多くが想定内の予測しかしていないということである。

今求められている予測は、想定外を予測しておく超現実予測のことである。先にも述べたように空振りを恐れず地域の最悪の状態を事前予測して、一段階前に行動するタイ

図3-4-3　防災タイムテーブルの一例

災害予防 （行政、住民、関係機関連携）		原因発生時からの準備・ 警戒対応（行政）	
1	防災現場視察・千年に一度のマップ作製	1	発生時点からの進路予測、規模等の追跡調査
2	防災センサーネットワークの敷設と活用	2	災害対策担当者と執行部との情報共有・検討
3	情報収集チャンネルの多様化と実働訓練	3	準備態勢等検討と予測危険箇所検討会議
4	地域別防災図上訓練 （小、中、高連携）	4	関係機関との情報共有のための防災会議
5	地域別避難実動訓練 （小、中、高連携）	5	1日前タイムスケジュール確認防災会議
6	FM放送などの日常的な活用	6	本部設置と避難準備、勧告日時決定防災会議
7	PDCAサイクルによる地域別改善会議	7	防災実動・支援物資の配給・医療体制確立
8	その他	8	その他

ムラインとならなければ命を救うことはできない。そこで、まずは、タイムラインを浸透させるために、自治体の長の日常と災害時の対応に重きを置いた防災タイムラインを作成し、日頃からの防災意識を高める必要がある。

　また、地域における情報収集・伝達を図る媒体は多様化の一途であるが、今、マスコミは盛んに現場の動画投稿サイトの充実を図っている。自治体も事故や災害現場の投稿サイトを持つ時が来たようである。ただし、災害時には固定電話通信や携帯電話通信はインフラが断絶したり過剰通信が発生したりして機能しない場合が多い。そこで新たな国、県、自治体、住民を結ぶ通信インフラのネットワークの構築が急がれるが、衛星通信情報システムとともに、地域簡易通信機能の充実も図らなければならない。電話通信会社はそのシステムを開発済みである。今後、通信会社との連携の下、バルーンや通信設備搭載車両などの緊急通信インフラを、常備の通信インフラとして設置を急がなければならない。

⑤　災害時死者ゼロを目指す

　災害時死者ゼロを目指す防災安全度の要は発災前にある。人的被害予防である。

　災害予防には、これまでの災害の経験や知恵の集積を行い、地域住民の防災への意識を向上させるためのリスクコミュニケーションを活発化させることが重要となる。次に住民とともに、小、中、高生への防災教育、そして防災訓練を行うことが、人的被害予防の柱となる。

　山林や河川のハード対策としては、その事業の継続性と

進捗度を測ることである。さらに、千年に一度のハザード
マップの作製、土砂災害警戒区域へのIoTネットワーク
システムの導入、基礎自治体における災害予測訓練、国、県、
市町村一体となった防災予防会議、要支援者を中心とした
避難体制の充実、避難所の改作、情報伝達システムの再構
築など、災害予防は多岐にわたる。

　また、G空間情報の蓄積を図り、その活用として新しい
衛星通信情報による安否確認システム、ドローンなどによ
る災害発生状況の把握などのリアルタイム情報収集システ
ムなどの構築が求められている。さらに民間と協力して建
設機械の確保とその運搬方法など、発災前の準備体制の見
直しなども重要な点検項目となる。

　災害用デジタルマップの作製も今後の大きな課題となっ
ている。家屋の建築年月日、構造体、住居者情報、地域の
災害被災履歴とその原因や箇所、範囲、避難経路データの
可視化などデジタルマップで一覧できるシステムを構築し
なければならない。これが対策本部での必需品となり、さ
らに以後も様々なデータの蓄積を計り、継続的作業として
維持していかなければならない。

　今後は、国、都道府県、地域が一体となり、災害と直接
対峙する基礎自治体をコアとしたコンソーシアムの構築が、
すべての災害予防のスタートとなる。

第4章

住民が自分の命を守るために

（1）　自主的事前避難をどう進めるか

①　命が守られた地域と守られなかった地域

　水害や降雨による土砂災害から命を守るための要諦は事前避難にある。

　上流にダムがあろうがなかろうが、河川改修が整備済みであろうがなかろうが、行政の総合防災力、防災安全度が充実していようがいまいが、首長の防災意識が高かろうが低かろうが、千年に一度の洪水範囲を示したハザードマップがあろうがあるまいが、行政による避難勧告のあるなしにかかわらず、経験したことのない雨が降る場合は、安全なところに自らの意思で事前に避難することが自らの命を救う。

　自主的事前避難の動機は、やはり危険を知る座学や訓練等を通じたリスクコミュニケーションから派生する。危険を知らずして人は避難しない。近隣地域の災害の見聞や自らの経験、地域内での伝承などを学び、自主的事前避難の仕組みを向こう三軒両隣と常日頃話し合っておくことが重要である。避難先としての安全な場所は、あらゆる災害を想定してこれも事前に決めておかなければならない。これを地域のリスクコミュニケーション力という。

つまり、発災前の避難に対する自助、共助が行き届いた地域こそが住民の命を守る地域なのである。熊本県五木村九折瀬地区しかり、釜石市東部地区しかり、三重県多気町長谷地区等しかりである。ほとんどの基礎自治体の命に係わる公助の手は、発災後にしかやってこない。

水害や降雨による土砂災害から命が救われる地域とは、発災前に自主的事前避難が徹底されたところである。自らの命は自らで守るしかない。

以下に、五木村と真備町との洪水による生死を分けた要因を比較して図に示した。

図4-1-1　両地域比較検討図[1]

項目・地域	球磨郡五木村	倉敷市真備町
合併時期	1896年	2005年8月1日
合併経緯	1889年市制・町村制施行	総社圏域か倉敷圏域かの合併先で混乱
居住履歴	先祖代々からの居住者	両圏域からの転居者が多数
住民意識	日常から共助の精神がある	町内7地区のまちづくり団体が活動
人間関係	地縁、血縁関係が濃密	住民同士の交流は活発
人口問題	超少子高齢化 人口減少地域	人口が急増しベッドタウン化する
行政的特徴	ダム補償移転による過疎化	合併時消防管轄が変更、塵処理は既存
災害経験	水害等の地域災害経験多数	住民の62%が災害の経験なし
避難情報	避難所開設と事前避難要請	堤防決壊4分前の真夜中に避難指示

上記の表から言えることは、行政区域の成り立ちや行政

的特徴、災害経験、首長による避難指示発令時期などの要因が人的被害に影響するということである。特に人的被害が発生する地域は、行政機関の長が普段から降雨災害に対してどのような意識で臨んでいるかが大きな要因となっている。また、住民の側にも自然災害を目の当たりにした経験があるなしにより、備えや避難の対応に違いがあることが浮き彫りとなった。常日頃、人々は災害とどのように向き合っているか、すべては首長の意識の問題に帰結している。

[注]
1　筆者による作図並びに両地区の住民からの聞き取り調査、2018年12月5日。

②　住民の心構えのために

　平成24（2012）年7月の熊本水害に見舞われた龍田陳内地区の住民聞き取り調査では、「見る見るうちに水が堤防を越えて来た」、平成26年8月の広島市の土砂災害では、「ドーンという音とともに、居間まで土砂が押し寄せてきた。必死で家から飛び出した」などと、住民はその時の恐怖を訴える。中には平成18年7月の川内川流域の水害では「こんな水害は、祖父母の時代から聞いたことがない」とも答えている。

　行政から住民への防災マニュアルも必要である。平成7年1月の阪神・淡路大震災のときに、友人、知人の見舞いに駆け付けたことがあるが、築30年ほどのいわゆる文化住宅といえる木造家屋が、軒並み倒壊している現状を見た。

そこに火災が起こり、まるで地獄のような現実があったという。私が立ち寄ったときもその現場は戦場跡のような光景が広がっていた。

　地震への備えとして、家屋の補強や家具の転倒防止等を行うほかに、発災時の火の元の始末をどうするかが問題だ。地震において火の元の消火は、即座に動くことが不可能な場合が多い。自動消火装置が付いていることが望ましいのだが、熊本地震のとき、免震構造のマンションでも11階部分では、転倒防止をしていなかった家具や食器棚、冷蔵庫などがいとも簡単に倒れてきたし、電子レンジがキッチンから居間へと一直線に飛んだ。どの家具や電化製品が凶器となるか分からない。幸い火はほとんどが使っていなかった時間帯ではあったが、もし使っていたとして、火元消火をチェックする余裕などなかったとの経験談がある。

　この点に関しては、神戸大学名誉教授の室崎益輝氏[1]らが、阪神・淡路大震災以前から警鐘を鳴らしていた。震災時の大火についても、長田区の仕事場や住居部分の屋内にある石油ストーブ、電気ストーブなどの火の元が無数に存在していることの危険性を指摘していた。その指摘通り、阪神・淡路大震災のときは、石油ストーブの転倒が火災の原因となり、周辺へと火災が広がった。また、室崎教授らは、電力会社が停電の復旧を急ぐあまり、無人の建物に「再通電」を行った結果、電気ストーブが原因となる火災が発生したことが問題だと指摘していた。火の元の始末をどうするか、屋内の危険箇所を一つ一つ発見しながらチェックリストを作り、あらゆる点検と対策が分かりやすいマニュアルを作成し配布することは、訓練時等に役立つ。

　自主的事前避難の促進は、これらの技術や教訓を随時学びながら、いつ危険が迫るか分からないという日常の座学と訓練が必要である。

　地区や町内ごとに災害予報とともに自主的事前避難を呼びかける必要があるが、その呼びかけは避難を支援する水防団の存在が力を発揮する。住民からの水防団への信頼が厚いからである。ただし、自治体の超現実予測による避難準備情報が発令されないと組織的な水防団の行動は望めないし、つまり、住民による事前避難にしても首長の予測如何にかかっているのである。自治体が避難勧告スイッチをどこで押すかが住民の避難行動開始につながるのである。

　地域での防災教育、訓練等は、平成23（2011）年3月11日の東日本大震災での釜石市立小中学校の事例[2]が有効である。防災座学や避難訓練を地域住民全員が集まって実施することは、それぞれの都合により参加、不参加の課題が生じる。そこで、釜石市の事例を教訓として小中高校での授業に取り入れ、彼らを中心とした訓練に大人の参加も促しながらの地域ぐるみの訓練に切り替えるべきであり、防災意識の高揚とともに甚だ有効である。

[注]

[1] 独立行政法人消防研究所　室崎益輝　「阪神・淡路大震災における火災からの教訓」〈https://www.bousai.go.jp/kaigirep/chuobou/senmon/shutochokkajishinsenmon/7/pdf/shiryou1.pdf〉（2018年11月9日閲覧）。

[2] 片田敏孝　小中学生の生存率99.8％は奇跡じゃない、「Wedge」2011年5月号
〈https://wedge.ismedia.jp/articles/－/1312〉（2018年11月9日閲

覧)。

③　災害現場からの学び－真備町の堤防決壊

　次に、水害にいかに備えておくかに関して真備町の例を挙げる。

　平成30（2018）年7月6日から降り続いた西日本豪雨災害は、西日本各地に甚大な被害をもたらしたが、特に岡山県倉敷市真備町を流れる小田川や高馬川の堤防が8カ所にわたり決壊し、51名という多数の水死者や行方不明者が発生した。山陽新聞は、

　　　西日本豪雨で破堤した倉敷市真備町地区の小田川と3支流の決壊要因を探る国の調査委員会（委員長・前野詩朗岡山大大学院教授）の第3回会合が8月10日、岡山市内であり、決壊した8カ所はいずれも周囲より低い部分から越水し、堤防が外側から削られたことが主な要因との結果をまとめた。
　　　地盤・地質や河川の専門家ら委員7人が出席し、国管理の小田川と県管理の末政、高馬、真谷川の3支流について非公開で協議した。終了後に会見した前野委員長は「地盤沈下などで低くなっていた堤防部分から水があふれた。さらに堤防が外側から削られ、川の水圧に耐えられず決壊したことが主たる原因と推定する」と述べた。
　　　また小田川の決壊2カ所のうち高馬川との合流部の1カ所については越水だけでなく、堤防やその地盤に川の水がしみこんで崩れる浸透も絡んだ可能性がある

とし、引き続き調査する。

　調査委は決壊原因について、現場調査のほか、破堤前の堤防の測量データなどを分析した結果、周囲より低い部分から決壊したことを確認したという。このうち小田川上流の北岸（同町尾崎）の堤防高は標高16.9メートルと、想定される最高水位を踏まえて国が設定する整備目標（17.2メートル）に0.3メートル足りず、改修予定だったことが判明している。西日本豪雨で真備町地区は、面積の約3割に当たる1200ヘクタールが水没。多くの家屋が浸水し、10日現在で51人が死亡した。

と報道している[1]。

　さらに、災害に備える住民の意識を同じく山陽新聞が以下のようにまとめている[2]。

・甚大な浸水被害を受けた倉敷市真備町地区の住民アンケート結果によると、被災住民のうち42％が水害発生時に自ら避難したのではなく第三者に「救助された」ことが判明。真備町地区は過去に複数回、大規模水害に見舞われたことが各種文献や記録に残されているが「備え」をしていなかった人は84％を占めた。

・救助された人の内訳は、70代が33％を占め次いで50代が21％、60、80代が各12％などだった。警察や消防、自衛隊、海上保安庁による救助者は地区内人口の1割に当たる約2350人に上ることが県災害対策本部のまとめで分かっているが、住民らによる記録に残らない活動を含めると、救助された人の割合はさらに膨らむとみられる。

・救助された人に避難しなかった理由を三つまでの複数回答で尋ねると「これまで災害を経験したことはなかったから」（62％）、「２階に逃げれば大丈夫だと思ったから」（50％）が目立った。「その他」（38％）の自由回答では「水位が急に上がって逃げられなかった」「水が来るとは思わなかった」「雨で避難を呼びかける屋外放送が聞こえなかった」との記述があった。自ら避難した人の「避難行動のきっかけ」（三つまでの複数回答）の上位３項目は「川の水位が上がってきたから」「携帯電話の緊急速報メール」「雨が激しかったから」だった。

　真備町地区をめぐっては旧真備町の町史が、江戸期以降の水害の歴史を数多く記録している。これらの「知識」と、水害への「備え」を問うと「知っていたが備えていなかった」が68％と最も多かった。「知っておらず備えもしていなかった」（16％）と合わせると、８割強が水害を身近なものとして捉えていなかったことがうかがえる。このことにより、51名の水死者を出した。

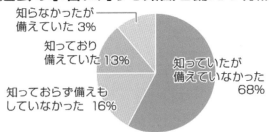

過去の水害に対する知識と備えの有無

知らなかったが
備えていた 3％

知っており
備えていた 13％

知っておらず備えも
していなかった 16％

知っていたが
備えていなかった
68％

図4-1-2　真備町地区の住民アンケート[3]

　以上は、山陽新聞の報道の一部であるが、地域の河川の
上流にダムがあるものの放流による堤防越水がこれまでに
ない地域とか、または降雨時に洪水による被害が近年発生
していない地域において、国、県、自治体、住民が、いか
に水害対策に無防備な状態に置かれていたかが分かる事例
である。
　この真備町の水害でさらに災害を助長した要因は、真備
町小田川堤防決壊である。元熊本県教諭の緒方紀郎氏は次
のように現地報告をしている[4]。

　　現在の小田川は、洪水時に高梁川の合流点水位が高
　いことから、高梁川の水が小田川に回り込み、小田川
　の流れが阻害され、小田川の水位が高くなる特性を
　持っています。このため合流点付近の真備地区では、
　過去何度も浸水被害を受けてきました。
　　そこで、小田川が高梁川と合流する位置を現在より
　約4.6km下流に付け替え、洪水時の水位を大幅に低下
　させる工事が今秋より予定されていました。（中略）
　　この合流部の付け替え計画は50年も前から存在して
　いたにもかかわらず、またその用地の大半は買収の必
　要のない貯水池等であったのに、なぜ現在まで着工に
　至らなかったのでしょうか。
　　1968年、旧建設省は高梁川総合開発事業（柳井原堰
　建設）の構想を発表しました。水島コンビナート等の
　水源開発のために、小田川付け替え完了後の合流部付
　近に堰を建設する事業で、1997年に国交省は事業に着
　手しました。

ところが、水需要の低下などを理由に2002年、国交
　省は高梁川総合開発事業の中止を決定。小田川の治水
　対策は事実上振り出しに戻りました。(中略)
　　合流部の付け替え工事とは別に、河川敷の樹木の伐
　採やたまった土砂の撤去、小田川支流の堤防整備等は
　できたはずである。できる対策から先行して進める、
　つまり防災対策は優先順位を常に考える必要がある。

[注]
1 『山陽新聞』2018年8月10日付。
2 『山陽新聞』2018年8月10日 23時14分更新　デジタル版〈https://
　headlines.yahoo.co.jp/hl?a=20180811-00010002-sanyo-l33〉(2018年
　11月9日閲覧)。
3 『山陽新聞』2018年8月10日付。
4 緒方紀郎「8月7日小田川決壊(倉敷市真備町)の現地調査」『阿
　蘇：立野ダムによらない自然と生活を守る会』
　〈https://kawabegawa.jp/tatenodam/?p=2204〉(2018年11月9日
　閲覧)。

④　想定外を想定した早めの安全な場所への自主的事前避
　　難の重要性
　東日本大震災の100日後の平成23(2011)年6月18日か
ら岩手、宮城、福島各県の被災地慰問と現地調査に出かけ
た。その折、宮城県南三陸町を訪ねたことがある。震災後、
港のすぐ近くにあった店の跡地に、プレハブの店を構え酒
店を再開していた女性を取材した[1]。
　「よく助かりましたね」。その女性は店の前にある流失を
免れた歴史的津波到達点標柱を指しながら、「明治29(1896)

年三陸大津波のときがここ、昭和8（1933）年三陸大津波がここ、昭和35年のチリ地震の時がここ」と到達した津波の高さを教えてくれた。「気象庁の発表では3m位の高さと言っていたので、チリ地震のときぐらいの高さだなと思いながら、あのときの経験から2階に避難すれば大丈夫かなと思っていたが、念のため、右後ろの山の上に避難していました。すると見る見るうちに見たこともない大きな黒い波が、土煙を上げながら次々に街を襲い、あっという間に飲み込んでいってしまった。海岸通りの病院も防災センターもあっという間に消えてなくなっていった。思い出すだけでも震えが来ます」と、その時の恐怖を語っていた。

　南三陸町防災センターの被害状況から見ても2階への垂直避難では命は助からなかっただろう。やはり想定外を想定し、早めの一番安全な場所に事前避難することが肝要であるという貴重な事前避難の体験談である。

[注]
1　筆者による聞き取り調査、2011年6月19日、宮城県南三陸町にて。

⑤　基礎自治体をコアとした災害対策基本法の見直し
　　―災害予防―

　発災後の初動体制において、基礎自治体こそが住民の命を守る最前線となる。その重要性に鑑み、自治体がその役割を十分に果たせる仕組みとしなければならない。災害対策基本法の上位に、国がある。それを真逆にして、基礎自治体を中心としてどのように国や県が支援するかという同心円的制度にすると、日頃からの現場の声を主体とした施

策が迅速にとれる。現実は、防災会議一つにしても、基礎自治体ごとに行われ、県や国の参画はない。

　災害対策基本法第1条には、「国土並びに国民の生命、身体及び財産を保護するため、防災に関し、基本理念を定め、（中略）体制を確立し」とある。第8条第2項に「国及び地方公共団体は、災害の発生を予防し、……」とあるように、特に人命等を守るために災害予防を第一義として、国や都道府県は、基礎自治体への支援体制を組むほうが現実的である。しかしながら、基礎自治体にはその災害予防に関する人材、財源、権限が不足している。この状況を基礎自治体自らが解消できる立場にもない。現状のような地方の状況の中では、命の最前線を守ることは甚だ難しい。例えば、倉敷市真備町は、様々な理由により河川改修が50年も遅れ、やっと水害前の秋に分流水路の河川改修が予定されていたという。これでは、現場を持つ基礎自治体にとっては、助かる命も助けることはできない。

　幾多の災害を鑑みるとき、災害予防をはじめとして発災前、発災後と、国、都道府県が、基礎自治体を中心とした支援体制を組むための法整備の転換が求められていると考える。

　災害対策基本法は第46条に災害予防として地域での組織の整備、住民教育、訓練、物資や資材の備蓄、施設の整備などのソフト対策を謳っているが、第1条に倣い、住民の生命を守るためのハード、ソフト対策を第47条に謳う地域防災計画に明記すべきである。

　自治体の防災の最前線を担う市区町村長にとっても、遺族をはじめとした地域住民にとっても命が災害により奪わ

れることは当然のことながら最も負担が大きい。そこで地方の最高責任者に、命の重さを第一義に災害予防に徹する役割を担わせることが、地域の防災意識の向上につながると考える。

　また防災計画の中でも重要となるもう一つの柱がソフト対策の防災教育と訓練である。その目指す方向は「事前避難」である。「事前避難」を、今後の災害対策基本法の地域防災計画の中心に据えなければならない。その推進のためには予算措置が重要である。政府、都道府県庁は、災害現場に遠い。発災現場に直面する基礎自治体にこそ人材と財源、権限を付与することが災害予防を確かなものとする。

（2）　防災マニュアルの追加ポイント

①　避難時の移動手段を決めておく重要性

　東日本大震災のとき、山の方角に向かって車の大渋滞が起きた。線路の警報機が鳴りっぱなしで、踏切でみんなが動けずにいたため大渋滞の一因となった。実は警報機が故障をしていたのだが、その事実が把握できず踏み切り通行の判断がつかなかったのだ[1]。気が動転していて、どのような判断をするか難しいところである。こういう事態とともに、すでに道路が陥没、冠水していて通行ができなかったりすることも考えられる。どの手段でどのルートで避難するか、地域住民とともに複数の避難経路を確かめておく必要は前々から指摘されていたが、こういう現実が実際に起こっている。

　また、自治体においても、今後の対策本部には、公共交

通機関をはじめとして医療機関など、行政が今まで対策本部の要員としてこなかった機関、組織との連携も必要となる。災害対策本部のメンバーの再構築を考え直す事例である。

[注]
1 南相馬市での筆者による聞き取り調査、2011年6月。

② 日中避難の重要性

避難勧告を夜に発令しなければならないとしたら、どのような対策が必要であろうか。

果たして避難勧告を発令することが正しいのかどうか悩ましい事例もある。

なぜなら道路や溝が一面に冠水していて、その区別がつかず溝に足を掬われて流されることがあるからだ。例えば、兵庫県佐用町の平成21（2009）年台風9号のときでは、避難勧告が8月9日午後9時20分に発令され、緊急的垂直避難であれば助かったかもしれない住民が、避難所である幕山保育所へ避難途中、町営幕山住宅付近の水路で、40歳男性、32歳女性、7歳男児、4歳女児、40歳女性、16歳女性、9歳男児、47歳女性、15歳女性の9名が犠牲となった[1]。

避難勧告が発令される前には、気象警報、注意報や河川の危険な情報が昼過ぎから佐用町役場にもたらされていたにもかかわらず、災害対策本部の設置が、午後7時となっていた。本部設置、避難勧告の遅れが招いた人災といえる事例ではないか。暗夜の中、雨も降る状況では、傘もさしており、懐中電灯ぐらいでは辺りを照らしきれない。この

被害から学ぶことは、夜の避難勧告は、降雨状況や道路環
境にもよるが、避難所まで慣れた道でも近所の高台の2階
に避難することが無難である。以上の事実は、地域でのリ
スクコミュニケーションの重要性を示している。

[注]
1 神戸大学大学院工学研究科市民工学専攻 藤田一郎 「平成21年台
　風9号による兵庫県佐用町河川災害について」〈www.dpri.
　kyoto-u.ac.jp/ndic/bunkakai/2hujita2009.pdf〉図 6.1（2018年11月
　9日閲覧）。

③　過去例に学ぶ重要性

　土砂崩れもいつ起こるか分からない。祖父母の代から裏
山が崩れたことはないという住民がいても、避難を促すこ
とが命を守る。今すぐには、大雨が降っていなくとも住ま
いの裏山から土砂が流れ込むことを想定して、明るいうち
に事前避難を呼びかけることである。

　平成30（2018）年8月5日付の京都新聞は、以下の事例
を報道している[1]。

　　7月6日から西日本に豪雨が降り続いた時のことだ。
気象庁の予報を5日に見た別所帯の家族が、綾部市旭
町の山間に住む91歳の母親をその日の夕方には旭町か
ら同じ綾部市の町中の自宅に避難させた。6日の午後、
綾部市は小康状態となり、母親は旭町に帰るといった
のだが、引き留めてさらに1泊させた。ところが7日
未明、綾部市を3時間で150ミリの記録的豪雨が襲っ
たのだ。そのころ旭町では、集落正面の山が高さ約50

メートル、幅約50メートルにわたり崩落した。押し寄せた土砂は母親が住む家を突き破って寝室に達していたという。市内最大の土砂崩れであった。91歳の母親は、「あそこにいたら死んでいた」と振り返る。このように母親を別世帯に避難させるのは、すでに20回目だということだ。19回も空振りだったのだ。この行動こそが、母の命を守った。

この旭町では5年前にも同じ現場で土砂崩れが起き母親の家のすぐ裏まで来たという。家族は「5年前の土砂崩れを目の当たりにしていなかったら、まめに避難させなかったかもしれない。でも今は未経験の雨が降る。人ごとではなく自分や家族にもいつでも危険が起こりうると考え、行動を起こすことが大事では。

空振りを気にせず、安全、安心を確保し続けることが大事だという事例である。

また、平成30（2018）年の台風21号の被害から、九死に一生を得た地域がある。歴史的に何度も土砂災害に見舞われた三重県多気町長谷地区である。200年、300年と古老たちが受け継いできた伝承によると、赤い水が蛇のようにちょろちょろと流れてきたときは、山が抜ける（崩壊する）ときとの伝承が生きていて、公民館に集まっていた住民は、いち早く公民館を飛び出し命拾いをした[2]。自主避難と伝承が生かされた例である。

[注]

[1] 『京都新聞』2018年8月5日付。

2　NHK 総合『おはよう日本』2018年11月26日放送。

④　古地図を読み解く重要性

　住居地の地質やもとの地形を知るための方法として古地図から読み解く（国土地理院古地図や各地の教育委員会所蔵の古地図など参照）ことができる。埋め立て地や河道や河川敷であったところなどに起こる液状化現象などの脆弱な地盤により引き起こされる危険を知ることによって、対策を講じるなどしておく作業は必須である。住民の居住地の名の起こりにも着目してみる必要がある。広島市の安佐南区や北区は、平成26（2014）年と2018年の豪雨による２回にわたる土砂災害で多くの犠牲者を出した。この土地の地質構造はどうなっているのか。広島市の発表1を参照して役に立てていただきたい。

　そのうえで、居住地がどのような地質や地形となっているか、それぞれを知るには国立研究開発法人産業技術総合研究所地質調査総合センターのホームページ2も参照していただきたいが、各地の図書館で調べることもできるし、教育委員会の学芸員に詳しい人もいる。また、それぞれの地元にも民間の地質学者や歴史学者、古老などは、地域の地形や地理、伝承、地名の由来などに詳しい人もいるので、各地の教育委員会で調査することである。

　国土交通省、熊本県、熊本市をはじめ７市町村は、平成30（2018）年８月５日、南阿蘇村立野地区で立野ダム建設に着手した。このダムは、昭和28（1953）年6.26白川大水害や平成24年7.12水害の災害防止・軽減を目的とした洪水調節専用ダム、穴あきダムである。しかし、特に立野地区

は、伝承も含めて江戸中期より今日の熊本地震に至るまで、たびたび土砂災害で崩壊した地区である。ダムサイト周辺の地質は阿蘇火山性表土に覆われていて、今後も崩壊の危険が考えられる。また、杖立は、崖や山崩れを表すとも言われる、「つえ」が付く地名である。果たして立野はどうなのか。平成24年と平成30年の広島市安佐南区八木は、「八木蛇落地悪谷」の地名が残されている。新しいところでは、北海道胆振地震で被災した札幌市「清田」区など地名には過去の地形や埋め立て、災害などを物語る地域名もある。

名古屋大学名誉教授である福和伸夫氏らの研究グループは、鉄道の駅名やバス停の名前と地盤との関係を調べている。近年、市町村合併による地名変更や「希望が丘」「ニュータウン」など不動産価値を高めるためのイメージチェンジが各地で進んでいるが、駅名やバス停などは比較的変わることがなく、特にバス停名は公式の地名でなくとも地元住民になじんだ通称が使われることが多いそうだ。このような観点から調査することも地域の歴史を知る上でもよい学習となる。

また、地質調査総合センターでは全国の地質を調査し、地質の性質や構造を展開している。さらに、民間の不動産会社でも住まいに関する防災の知識などの中に地質の項目を設け公開しているところもあるし、政府広報の防災のホームページにも基本的な被災地名が書かれている。調査を重ね、事前に危険箇所を把握しておくことも、宅地を求めるうえでも大事である[3]。

[注]

1　広島市─資料編／4　被災地の地形・地質
　〈https://www.city.hiroshima.lg.jp/soshiki/126/5557./html〉（2018
　年11月9日閲覧）。
2　「地質調査総合センターHP」〈https://www.gsj.jp/geowordslogy/
　index.html〉（2018年11月9日閲覧）。
3　政府広報HP　「地名があらわす災害の歴史」〈https://www.gov-
　online.go.jp/cam/bousai2017/city/name.html〉（2018年11月　9　日
　閲覧）。

⑤　普段から気象予報や気象変動に注力する重要性

　人吉市においては、昭和40（1965）年の水害から始まっ
た河川改修により、令和2（2020）年の熊本豪雨まで大規
模な浸水被害がここ55年以上なかった。このことからか、
水害常襲地帯に避難勧告を出しても対象地域住民の実に
8％しか避難をしていないことが、平成24（2012）年の調
査で分かった。ほかの自治体の避難割合と比較すると、8％
という避難率でも高いことが分かるが、2階建ての家屋や
河川から離れたところに住む地域住民は、避難に対して消
極的であることも理解しておく必要がある。

　平成29年の九州北部豪雨で被災した福岡県朝倉市周辺で
は、今日、注意報が出るたびに、住民は早め早めの避難を
するとの報告があった。しかし、各地の甚大な被害を被っ
た経験のある地域でも、時間とともに災害対策が進み、世
代も変わり体験が薄れたところでは、首長の防災意識をは
じめ住民の多数が災害への警戒が緩慢となり、避難率へと
跳ね返っていることも見逃してはならない。

国連のグテーレス事務総長によると「地球沸騰時代へと
突入した」との発言があったが、400年に一度、500年に一
度の想定外のことが、いつどこでどのように起こるか分か
らない。このような学びから、私も市長時代、千年に一度
のハザードマップの作製、防災マニュアルの作成配布、要
支援者も含めた実際的避難訓練、小中学校や公民館等の施
設を高齢者や障がい者等の避難者受け入れのための環境改
善を施した多目的施設として改作、エレベーターの設置等
を含め受け入れ態勢の強化に力を入れるべく計画していた。
また、地域ＦＭ放送局も日常はもちろんのこと災害時には、
地域の防災の重要な情報源となる。熊本地震のときは
SNSでデマ情報が流されたが、北海道胆振地震では札幌
のＦＭ放送局が、確かな情報源として慣れ親しんだアナウ
ンサーの声とともに、住民に安心感を与えたことが札幌地
方で認められた。地域ＦＭ放送局は、省電力で済むために
特に災害時の情報源として重要な役割を果たす。人吉市で
もこのＦＭ放送局の開設準備を進めていたところであった。

第5章

人吉市における今後の課題

（1）市街地再開発より山田川の治水

　人吉市の中心市街地の復興事業説明会が、水害から１年３カ月後の令和３（2021）年10月19日に開かれた。そもそも事業説明会開催の通知が来たときから、私は何か、判然としない違和感を抱いていた。水害直後、中心市街地に２年間の建築制限をかけたものの何かが腑に落ちない違和感があったが、開催されるその日になって、その違和感なるものが解消された。

　その違和感とは、説明会で提案された中心市街地に逃げやすいように道を新たに造る、青井阿蘇神社前の国道445号を輸送道路として拡張する、公園を造るなどの中心市街地区画整理事業発案の賛否や協議の以前に、明確にしておかなければならない重要な計画が欠けていることであった。

　欠如している計画とは、中心市街地における水害軽減策である。中心市街地を南北に蛇行しながら球磨川に打ち出し、今回も中心市街地にこれまで以上の甚大な被害を出し、尊い命を奪った県管理の一級河川・山田川の治水対策をどうするかというレジリエンス（回復力）計画だ。再び、問いたい。水害から３年４カ月も経つ中で、この課題解決策を示すほうが、区画整理事業計画案の協議より先ではない

か。

　熊本県から球磨川流域治水案とともに山田川の治水対策方針案の説明は全くなく、いきなり町の構造を、区画整理事業で400年前から続く城下町の町割りを変えようとは、実に乱暴な話にしか私には聞こえない。これでは、毎度のことながら、豪雨が降り注ぐたびに同じ被害を繰り返すばかりである。災害対策基本法に照らし合わせても明確である。

　すべての水害後の町づくりとして、「今後、水害からどのように命を守るか、どのように浸水被害を軽減するか、地域住民は、どのように生活・生業再建を望んでいるか」を、水害直後から迅速に取り組む必要があったのではないか。水害からの復興で、治山治水という被害軽減策もないまま町づくりに着手する被災地はない。人吉市に限って言えば、中心市街地の町づくり計画の前に、最初に取り掛からなければならないのは、球磨川支流である山田川のレジリエンス計画、水害対策であろう。

　では、なぜ、球磨川の治水対策とともに山田川の治水対策が重要なのか。令和2（2020）年7月球磨川豪雨もそうだが、昭和40（1965）年、46年、57年のときも、中心市街地隣接周辺も含む駒井田町、城本町、上青井町、中青井町、下青井町、紺屋町、九日町の水害の第一原因は山田川の氾濫であった。今回も山田川上流からの洪水が吐き出し口付近の左岸、右岸を越水するとともに、山田川を横断する肥薩線鉄橋から線路伝いに低地の西へ流れ、あるいは、山田川鉄橋付近の上流、下流の堤防を洪水が越流して前述のごとく街々を襲ったのである。

その後、二次水害として上青井、中青井、下青井町、九日町、紺屋町などの中心市街地は、球磨川からの洪水に再び見舞われたのである。市街地の水害のたびに、洪水はまず、地域の内水や山田川からやって来る。だから中心市街地の再開発事業は山田川の水害対策協議抜きには始まらない。因みに駒井田、城本、下城本町、中青井と下青井町の一部には球磨川の洪水は一滴も来ていない。すべて山田川の濁流水や内水氾濫によるものである。球磨川本川対策とともに、流域全体の支流対策が重要である。

国や京都大学大学院防災研究所の角哲也教授が言う川辺川穴あきダムを造れば、今度の水害は軽減できるという発言は、「洪水は、どこから来るか」という検証もなく発表された正鵠を射ぬものである。山田川を含む球磨川水系流域全体での治水対策なしには、中心市街地の町づくりは語ることはできない。

また、先の水害による人吉市20名の死者のうち19名の死者は、内水や山田川などの支流氾濫による被害である。球磨川支流で発生する洪水をどのように逃がすか、溢れさせるかの土木的対策が必要であろうし、また、次の洪水被害からどのように市民を逃がすかといった新たなソフト対策が最重要課題となっている。市民に避難スイッチをどこで入れてもらうかと同時に、行政自身がどこで避難スイッチを押すかなどが問われているのである。

（２）市房ダムの放流開始と量の周知徹底・避難指示

市房ダムから毎秒650㎥もの洪水を、洪水調節の名のも

とに8時間にわたり球磨川流域に流し続け、多くの犠牲者を出した県のダム管理責任を問いたい。令和2（2020）年7月球磨川豪雨における県の市房ダム管理は、国土交通省が発表している「河川管理者が主体となって行う治水対策に加え、氾濫域も含めて一つの流域として捉え、その河川流域全体のあらゆる関係者が協働し、流域全体で水害を軽減させる治水対策『流域治水』への転換を進めることが必要である」との公式見解から大きく外れた行為であった。なぜなら、県の洪水調節における見解は、「ダム湖上流から毎秒1000㎥の雨が流入した中で毎秒650㎥は的確な洪水調節であった、緊急放流はしていない」と知事は説明するが、過去の市房ダムからの放流量の中で、今回、最大放流量の毎秒650㎥を8時間にわたり流し続けた現実は、過去にはない。確かに、今回の緊急放流値の毎秒1000㎥は流していないのだから洪水調節の範囲には違いはないが、しかしなぜ、県と市は、人吉市で20名の死者が出たことに対し何の反省もなく、この洪水調節を「的確であった」と胸を張っていられるのか。知事や市長は、このことに関し、慰霊祭でも一言も述べていない。

　この県の考えでいけば、「緊急放流基準量は1000㎥であったから、この放流量に満たなければ、999㎥までは洪水調節」となる。今回の人吉地区の犠牲者を二度と出さないためにも発想の転換が必要である。緊急放流量の5割を超えた放流量の場合は、放流開始と放流量を周知しながら、直ちに避難指示を出し、いち早く避難することを住民に促すべきではないのか。また、一度放流開始を流域住民に知らせればそれで良しということでもない。すべての情報チャンネ

ルを使って、断続的な広報活動が重要である。それを県、市は怠っている。

　洪水調節といえども人命に関わる結果が今回の水害で明確に示された。ダム管理者は、喫緊の課題として、洪水調節や緊急放流時に、人命を救うための警報基準を持ち、避難指示を出すべきである。ダム管理者は、反論として、放流の放送やサイレンを流して知らせているではないかというだろう。しかし、河川を少し離れれば聞こえない。各市区町村の防災無線、公共放送などを通じ、ダム放流情報の定期的発信を徹底せよということだ。自らの家族が危険にさらされていると思うことだ。

　水害直後、知事は平成20（2008）年の川辺川ダム建設白紙撤回から球磨川治水対策を180度転換して川辺川ダム建設容認に走ったが、その口実を得るために、「生活再建が先」という民意に背を向けて、ダム容認の言質を取るために精力的に人吉球磨を巡回した。あのときのエネルギーと同様、山田川をはじめとする球磨川流域の支流対策とともに、市房ダム洪水調節により人命が奪われた現実を直視して、全庁を挙げて住民の安心・安全を図る対策を示すべきだ。「緑の流域治水」と称してまやかしの田んぼダムを30年かけて造ることぐらいで済む問題ではない。住民の命がかかっている。

　「総理、地震は天災だから防ぎようがない、しかし、これからはまかりまちがうと人災になる。しっかりやってくれ」（『私の後藤田正晴』編纂委員会編『私の後藤田正晴』、講談社、2007年）と、後藤田正晴氏が時の村山富市総理を叱咤激励したという逸話が残されている。治水対策を後回

しにした復興開発が人による二次災害とならぬように祈り
たいが、現実は、人吉市において多くの地域住民の声を無
視した、なんの洪水対策にもならない山田川吐き出し口か
ら三条橋までの堤防拡幅、パラペットまでの嵩上げという
県の水害対策にもならない押しつけ計画や、浸水被災地に
災害公営住宅を建設するという不可思議な計画が進められ
ている。さらに、人吉市は、球磨川沿いのお城の対岸にあ
り、お城や球磨川を一望できる景観一等地の「城見庭園」
敷地内に建造物を2棟も建てることにより市民や地域住民、
観光客に親しまれてきた景観を失くそうとしている。市長
は、自らが景観条例を策定しておきながら景観を保護する
どころか破壊しようとしている。まさに、人災である。

（3）熊本県の再開発事業

　熊本県の道路中心主義、道路ありきの中心市街地再開発
事業には驚く。中心市街は400年前の城下町の町割りが生
きている。避難路がなくて逃げ遅れた人はいないのに、そ
の町割りを壊してまで、避難路を新設するというし、なぜ
か道路拡張は青井阿蘇神社周辺ばかりの3本の道路という。
水害から2年間の建築制限と区画整理事業が、市街地の復
旧を確実に遅らせており、水害から3年4カ月も経った今
も下青井町、紺屋町や西九日町は空き地ばかりが広がって
いる。
　さらに災害から2年半も経ったころになって、県や市は、
国道445号を出町橋から青井阿蘇神社交差点まで西に、また、
青井神社裏の市道も道路拡張をするから立ち退いていただ

きたいというお達しである。これを実施すると道筋にある
上青井町商店街は消滅する。県の再開発は商店街を破壊し
つくしてしまう〝道路命〟の再開発事業ばかりである。一
日も早い人々の生業の救済ではない。人より道路の利権で
ある。「うちは立ち退かない」と、語気を強めて言う商店
主たちに会った。この怒りをどう思うか。道路より人の倫
を考えよ。

　熊本地震のとき、熊本市は生業と生活再建を目途に、市
内のどの地域においても道路拡張や新設を行っていない。
このほうが経済も早く立ち直る。熊本市は政令指定都市で
あるから、県は手が出せなかったのである。それが幸いし
た。知事は、人吉選出の県議は、市長は、人吉の町の景観
を破壊するおつもりか。人吉の市街地の町割りは、相良
700年の城下町という歴史的宝であるし、そこには、先祖
代々受け継がれてきた人々の生業と暮らしがある。住民中
心の町づくりが肝要である。政策法務の九つの原則を蔑ろ
にした政治は、やがて破綻することを指摘しておきたい。

おわりに

　発刊にあたり、微に入り細に入り出版に関するアドバイスや編集に携わっていただいた熊日出版の出版専門委員今坂功さん、編集者田中和愛さんには、心からの感謝を申し上げます。このお二人のご指導により発刊に漕ぎ着けることができました。ここに厚く御礼を申し上げます。また、元熊本日日新聞記者であり熊本大学教授職にもあった矢加部和幸さんにも、球磨川の歴史と洪水などに関する資料と考察にお力を注いで頂きました。ご指導がなければこの稿の魅力はなかったものと心より厚く御礼を申し上げます。

　思い起こせば、熊本豪雨水害被害から3年と4カ月が経ちました。いまだ復興半ばでありますが、読者の皆様方も、もし、機会がございましたら、一度、人吉を訪れていただき、被災者の皆さんにお励ましの言葉などを頂ければ、元気と勇気が出ると思います。人の温かみほど身に染みるものはございません。また、私でよければ、ダークツーリズムのお手伝いとして被災地をご案内も致します。

　水害前夜、本社斎場2階の畳の部屋には、39名の地域の方々が避難をしておいででした。その方々の命が助かっただけでも葬儀屋冥利に尽きると、祖父や父が残してくれた家業の有難さをかみしめています。最後に尊敬する3名の方々の言葉をご紹介し、筆を置かせていただきます。

田中正造
「真の文明は 山を荒らさず 川を荒らさず 村を破らず 人を殺さざる
べし」

室原知幸
「公共事業は理に叶い、法に叶い、情に叶わなければならない」

中村哲
「どの場所、どの時代でも、一番大切なのは命です」

令和5年11月　田中信孝

球磨川水害年表

発生年		概要
1478	文明10	洪水
1481	文明13	6月3日、求麻川洪水、民家流失多し
1504	文亀4	庚申の日、洪水
1519	永正16	夏、洪水。人吉・遙拝社の神像が球磨川に流れ、八代・高田で見つかる。「遙拝の瀬」と呼ぶ
1564	永禄7	4月28日、球磨川洪水
1589	天正17	～1639（寛永16）年まで人吉城の築城。町人町造成のため球磨川右岸を埋め立て
1614	慶長19	4月28日、球磨郡人吉庄岩瀬、洪水により流落
1619	元和5	肥後藩主加藤忠広の命により、加藤右馬允正方が萩原堤防を築造
1626	寛永3	川辺新井手開削
1630	寛永7	7月18日、大洪水。大橋流失。よって鶴の下に甑橋
1644	正保元	6月25日、大雨により湯前多福山・湯前寺の崖崩れで寺院・民家埋没し死者多し
1650	慶安3	9月7日、大雨洪水、翌8日大風、民家破壊し万木根ごと倒壊
1651	慶安4	夏、洪水
1662	寛文2	川辺新井手の修理
1662	寛文2	～1664（寛文4）年、林正盛による球磨川開削。舟運が開かれる
1669	寛文9	8月11日、大雨洪水。青井楼門3尺余浸水。大橋中川原より南十間余流失。以来、大橋二つとなる。浸水家屋1,432戸、死者11人
1671	寛文11	7月、球磨川大洪水、大橋流失
1672	寛文12	5月8日より12日まで大雨洪水、人吉大橋120間流失
1674	延宝2	8月17日、大風
1677	延宝5	6月9日、八代萩原堰切れ、松ながれる。八代・球磨死人432人

発生年		概要
1680	延宝8	～1742（寛保2）年農民による百太郎溝開削
1687	貞享4	9月8、9日大雨洪水、青井社のおくんち祭りであったが、藩主頼喬参詣なく、祓川の向かいまで御名代あり
1688	元禄元	8月18日、大雨。人吉木山天満宮の神木の杉倒れて社殿破損
1696	元禄9	～1705（宝永2）年、高橋政重が幸野溝開削
1697	元禄10	7月18日、大雨洪水。田畠流失6町、倒壊民家515戸、倒木1,208本、井堰流失650間。春、麦実ら種子麦730石を大坂より購入し農民に給付
1697	元禄10	高橋重政が幸野溝工事に着手
1699	元禄12	6月20日、大洪水、幸野大堰流失
1701	元禄14	5月、球磨川の幸野溝流失、水路氾濫
1703	元禄16	7月18日　大風雨洪水、水田畑川成6町、井堰流失650間、潰家515軒、春麦作不熟
1704	宝永元	8月23日、大風雨洪水、倒壊民家90余戸、社堂損壊
1705	宝永2	幸野溝、百太郎溝が完成
1706	宝永3	6月25日、大風雨洪水、神社、仏閣、民家大破、万木折倒
1707	宝永4	6月3日、大雨洪水。その後、旱魃。8月17日大雨洪水、翌18日大風、9月11日大雨洪水、水田39町2反、落井手79カ所。10月4日大地震
1708	宝永5	5月10日、球磨川洪水、水田流失39町。谷口地蔵堂（下新町）付近の浸水深2尺8寸、中川原は股中迄
1708	宝永5	5月23日、球磨川洪水、水位1尋3尺
1712	正徳2	7月7、8日大雨洪水。水田69町、畠14町5反流失。減収1,561石。橋15カ所流失、流家10軒、土手欠損2,018間、井堰流失5,073間。水ノ手角石水1丈5尺2寸。岩下門石段の下から4段まで浸水。青井社楼門も浸水し、青井馬場は船で往来。川は大海の如し
1712	正徳2	8月、豪雨洪水。大橋（小俣橋）3径間落ちる。青井神社楼門まで浸水

発生年		概要
1713	正徳3	7月13日、大風雨洪水。大橋3間落ち、市房嶽大岩石転落、供所破損。損亡水田川成21町余、潰家185軒。五木村西俣大山崩れ
1713	正徳3	8月、暴風洪水。水田21町水押川成 高1065石、川除836間流失、土手85間流失、民家185軒潰、市房山は山津波巨石流失、五木谷は法楽山長さ1,000間崩壊
1713	正徳3	中神村滝の不動貫堀成就
1714	正徳4	5月24日、大雨洪水。民家流失3軒、田畑被害94町、減収2,313石
1714	正徳4	6月、球磨大雨により洪水
1714	正徳4	7月、球磨大雨洪水、水田62町2,313石、井堰3,219間損失
1721	享保6	7月、大風。田畑60町4,268石、堰流失4,966間、土手崩521間、川除損失6,944間
1722	享保7	5月24日大雨洪水。田畑流失60町、落橋16、民家流失4軒。減収4,268石
1722	享保7	7月、球磨川大洪水。9月5日暴風雨
1724	享保9	8月14日、大風雨損害多し、潰家1,036軒
1725	享保10	3月より5月まで雨続き、5月15日、24日洪水。減収10,867石
1726	享保11	5月中旬降り続き、7月5日大風雨洪水
1727	享保12	4月28日、大雨洪水
1729	享保14	6月9日、球磨川大洪水、溺死者49人、その他諸方の死人は書き申さず。前代未聞の次第。筆段に尽くせざる事に候
1729	享保14	8月3、4、15、19日、大風雨、洪水、球磨川水位8尺余。9月14日洪水、人吉大橋4間、万江橋柱9本、桁12本流失
1729	享保14	球磨川川掘出夫、川底堆積石の除去
1730	享保15	4月26、27日、大雨洪水。大橋落、増水1丈1尺。胸川増水1丈7尺、流家14軒、流死6人

発生年		概要
1730	享保15	5月、洪水、大橋15間落
1732	享保17	5月27日、大雨洪水。人吉大橋被害
1732	享保17	虫入りの大損耗、領内飢饉の者救済1日に米1合
1733	享保18	5月、球磨川大洪水
1734	享保19	5月17、23日、大雨洪水、増水1丈5尺。水田43町、落橋21カ所
1737	元文2	6月7、8日大雨洪水。9月5日大雨洪水。水田水押し川成25町、落橋9カ所、流死2人
1738	元文3	6月18日大雨洪水。人吉城大手門南石垣崩壊、無熱橋、小俣橋流失
1739	元文4	6月16、17日、甚雨、18日洪水。増水1丈5尺、浜川橋、胸川橋、小俣橋流失。大手門西石垣崩
1740	元文5	10月　水損虫付届、損害1,574石
1741	寛保元	7月21、22日大雨洪水。民家潰362軒、その他破損所多数。損害1,302石
1743	寛保3	8月12日、暴風、青井神社楼門破損。8月13日、大風雨、潰家464軒、半潰家310軒
1743	寛保3	9月、暴風雨、家屋の倒壊相当あり
1744	延享元	8月10日、大風雨洪水、増水1丈5寸。潰家11軒、半潰家17軒
1745	延享2	7月14日洪水。10月24日、大風虫付水損、損害2,822石
1746	延享3	4月27日、大雨洪水、水位1丈2尺。5月3日、大雨洪水、球磨川1丈3尺
1746	延享3	6月10日洪水損耗届、損害2,313石
1747	延享4	5月19日、22日、大風雨洪水、水位19日1丈5尺、22日1丈
1750	寛延3	夏中度々洪水
1752	宝暦2	8月10日、大風雨。11日洪水、増水1丈1尺、潰家402軒
1754	宝暦4	6月9日、球磨川大洪水

発生年		概要
1755	宝暦 5	・5月中旬より雨降り続き、6月8日夜より雷鳴なり、甚雨前代未聞の洪水なり。大手門内並びに城外小路町方舟にて往来し、人を助ける所多し。水田383町、流家201軒、落橋66カ所、流死54人、増水1丈7尺 ・6月1日より是日に至る球磨郡大水、芦北郡の瀬戸石山が崩れて球磨川を堰き止め、川浪さかまきて山を包み陸に至る。水勢い一層激烈となり上流巾十間余、根張り40間余の八代萩原堤九百間破損すとあり、寛文洪水を上回る洪水と見なせる
1758	宝暦 8	7月19日、大風雨洪水。大手門石垣崩れる
1758	宝暦 8	8月、球磨大風雨。人吉城大手門石垣高4間横5間崩　損耗2,212石
1759	宝暦 9	7月、木上溝の工事に着手
1761	宝暦11	6月5日、大雨洪水。鳩胸川橋落下
1762	宝暦12	8月、人吉大風雨洪水、田畑の損耗9,380石余
1763	宝暦13	5月28日、球磨川洪水。水位1丈1尺
1764	明和元	8月11日大雨洪水。
1765	明和 2	5月24日夜から25日朝までの増水1丈7尺、城内も水没、曲輪石垣崩壊、飢人450人、損耗11,988石余。6、7、8月も連続の大雨風のため田畑損耗9,090石余
1766	明和 3	4月末より雨降り続き度々洪水。5月24日大雨、25日洪水。水位1丈7尺。城内浸水、外曲輪石垣壊れる。田畑の損失12,988石余
1767	明和 4	5月28日、7月7日大風洪水
1769	明和 6	7月28日人吉大地震。8月1日大風雨洪水。この年の大雨洪水、虫害による減収12,088石余
1770	明和 7	地震と洪水。損耗1,288石余
1772	明和 9	5月7日より22まで3度の洪水　損失8,134石。7月22日大雨洪水。9月5日暴風雨
1773	安永 2	5月12日、洪水
1775	安永 4	8月、人吉大風雨、損耗4,300石

発生年		概要
1777	安永6	7月25日、大風雨洪水、損耗4,362石余
1788	天明8	4月、8月、12月、人吉洪水
1789	寛政元	6月初旬より雨多く、14日より大雨、15日洪水
1792	寛政4	7月、豪雨洪水
1796	寛政8	5月18、27日、6月12日球磨川洪水。落橋21カ所、流家24軒、流死5人。8月3、11日、大風洪水、倒家445軒、損耗15,960石余、藩高の半高を超える損耗
1797	寛政9	5月26日、6月19日、8月12日、大風雨洪水。落橋11カ所、倒家21軒、損耗4,910石余
1803	享和3	5月1日洪水
1804	文化元	7月15日、8月29日大雨洪水
1810	文化7	4月、豪雨
1815	文化12	7月6日、8月12日大雨洪水。ともに球磨川水位1丈1尺
1816	文化13	5月15日大雨洪水。7月、球磨川大増水。8月20、23日大風雨洪水、溺死者6人、田畑浸水5227町、塘破損520カ所
1816	文化13	8月、大風雨洪水。9月、大風雨
1827	文政10	「木上、一武、西野村道、球磨川筋御普請場年々大造の物入之アリ、六ケ敷場所ニ候処、人人ニテ見分御普請之アリ　候テハ見識々々ニテ却て害もアルベキ哉」　水跳の工事
1827	文政10	5月19日大雨洪水。球磨川水位1丈6尺
1828	文政11	5月22日、6月17日大雨洪水。7月2日、8月10日大風雨洪水、田畑58町、落橋37カ所、倒家流家42軒、相良船団7艘破損、参勤の出発を延引
1829	文政12	風雨虫入不作対策のための諸対策、藩士の倹約・減俸、焼酎の醸造禁止、鶴退治のために懸賞金など
1830	天保元	6月14日　暴風雨洪水。球磨川の水位2丈余
1830	天保元	7月、暴風雨洪水
1831	天保2	6月1日、洪水。球磨川水位1丈9尺

発生年		概要
1831	天保2	7月、球磨川出水。増水1丈9尺
1834	天保5	5月8日、洪水。球磨川水位1丈5尺5寸
1834	天保5	6月、豪雨洪水
1835	天保6	4月21日大雨洪水。6月19日球磨川洪水。藩主の参勤帰り遅れる
1837	天保8	5月27日洪水。球磨川水位2丈余
1839	天保10	4月21～24日大雨。球磨川洪水
1841	天保12	6月、豪雨。八代方面殊に烈し
1843	天保14	5月22日、豪雨。9月9日大雨洪水。大橋流失し、相良長福青井参詣中帰城できず、下屋敷に1宿。10月、洪水のため大橋落ちる
1847	弘化4	6月24日、洪水。新馬場に水上がる。百太郎溝青木川仁原川堰流失
1850	嘉永3	8月7日、大雨洪水。球磨川水位1丈5尺
1884	明治17	7月、洪水。球磨川の堤防決潰
1885	明治18	6月17～19日、豪雨。八代で堤防決壊、家10軒、田畑100町余浸水
1888	明治21	6月17日、八代で1丈7尺の出水、人吉でも大きな被害。溺死3人、家屋流失6軒、橋の流失
1889	明治22	豪雨で球磨川が氾濫し、濁流は人吉札の辻に達する稀有の大洪水であった
1891	**明治24**	9月、松岡長安が水路工事を行い、舟運を開く。**暴風雨により、八代市で溺死者6人、圧死者6人、負傷者多数**
1899	明治32	6月、人吉で160㎜、多良木で178㎜の降雨量。球磨川の水位は人吉で8尺、八代で1丈2尺。堤防や橋梁などが破損
1909	明治42	7月、水位は八代で1丈3尺に達し、堤防が決壊
1909	明治42	7月7～10日、八代で出水し、1丈3尺。堤防が流失

発生年		概要
1911	明治44	5月、低気圧性の豪雨で水位は八代で1丈3尺に達し、人吉では浸水家屋50戸、2カ所の橋が流失
1911	明治44	6月、球磨川氾濫
1912	明治45	7月、人吉で田畑が甚だしく浸水
1914	大正3	6月15日から28日まで、14日間の長雨。球磨川で被害が出た
1916	大正5	6月、八代で1丈の水位を記録、堤防が決壊、橋梁6カ所が流失
1916	大正5	7月、球磨川の増水1丈余、橋梁6カ所が流失
1917	大正6	八代の水位が1丈5尺に達し、小舟や材木が数多く流失し、家屋浸水もあった
1918	大正7	6月、山江村で崖崩れ、圧死者3人
1918	大正7	7月、球磨川の水位が人吉付近で9尺5寸
1919	大正8	6月14日、球磨川上流で豪雨、氾濫
1921	大正10	6月、豪雨洪水
1923	大正12	6月、球磨川の水位は1丈2尺、氾濫のため川筋で被害
1923	大正12	7月、豪雨洪水。特に八代、芦北の被害が大きかった
1926	大正15	7月、低気圧性の豪雨で、人吉の大橋筏口で1丈2尺、大橋際では1丈5尺の出水。浸水家屋は200戸、大村では300戸、流失家屋3戸。川辺川・柳瀬の両井手が全壊
1927	昭和2	九州中部に停滞した前線に、小台風が九州西方を通過したため豪雨となり、家屋の損壊・流失が32戸、浸水家屋500戸
1929	昭和4	5〜8日の雨量は八代で450㎜を超え、床上浸水244戸の被害を受けた
1932	昭和7	八代での増水は1丈4尺
1936	昭和11	人吉で家屋の浸水、橋の流失
1937	昭和12	球磨川の直轄河川改修工事に着手

発生年		概要
1941	昭和16	4月、球磨地方に豪雨、人吉で5尺に増水して、小舟40隻が流失
1941	昭和16	7月、八代市で小範囲の豪雨地域が発生、浸水家屋は2,560戸
1943	昭和18	9月、台風による洪水
1944	昭和19	5月、豪雨で球磨川氾濫
1944	昭和19	7月、前線による局地的な集中豪雨で、中流部、下流部の出水が大きく、死傷者及び行方不明23人、家屋損壊・流失507戸、床上浸水1,422戸、田畑流失400ha、堤防決壊98カ所、肥薩線不通7日間。前川堰が決壊した
1947	昭和22	球磨川上流の人吉球磨地区の直轄改修事業に着手
1949	昭和24	6月、デラ台風の通過で豪雨。特に人吉地方で多く、流域に被害が出た
1949	昭和24	7月、球磨盆地で雨が多く、崖崩れや田畑の流失及び堤防決壊などが起きた
1949	昭和24	8月、ジュディス台風。球磨盆地で400〜600mmの豪雨。家屋の損壊・流失10戸、床上浸水890戸、耕地の流失70ha、冠水4,100ha、27カ所の被害
1950	昭和25	9月、キジア台風。降雨は流域に平均して多く、家屋の損壊・流失28戸、床上浸水1,577戸、耕地の流失67ha、橋梁損害18カ所の被害
1951	昭和26	10月、ルース台風。球磨地方は台風進路の中心であったため甚大な被害が出た
1951	昭和26	7月、6〜19日の降雨で、八代では床上浸水98戸、床下浸水65戸、耕地の冠水865ha、流失埋没43ha
1953	昭和28	6月26日、球磨郡で床下浸水10戸、道路損壊3カ所
1953	昭和28	6月5日、ジュディ台風が人吉市を通過したため、県南を中心に被害
1953	昭和28	7月9日、八代市で床下浸水400戸、水田冠水46ha、水田浸水150ha、畑冠水29ha

発生年		概要
1953	昭和28	7月18日、八代市の被害は床上浸水406戸、床下浸水3,513戸
1954	昭和29	6月25日、八代市で床下浸水169戸、田畑冠水364ha、道路損壊9カ所
1954	昭和29	6月29日、大雨で八代市に被害
1954	昭和29	7月、梅雨前線による大雨で家屋浸水、水田冠水
1954	昭和29	8月、台風5号が人吉、宮崎と大分の県境を通過。洪水で死者行方不明6人、家屋流失損壊106戸、床上浸水562戸、耕地流失埋没1,270ha、冠水1,190ha、橋梁損壊14カ所
1954	昭和29	9月、台風12号で、球磨郡における死者行方不明28人、家屋の損壊・流失174戸
1955	昭和30	6月、梅雨前線による大雨で床下浸水など
1955	昭和30	9月、台風22号で人吉の床上浸水88戸、水田浸水148ha
1955	昭和30	荒瀬ダムが竣工
1956	昭和31	市房ダム計画に関連して、上下流一貫した球磨川改修計画を決定
1958	昭和33	瀬戸石ダムが竣工
1959	昭和34	7月8〜9日の集中豪雨で、西木村で水田冠水30ha、煙草冠水5ha、球磨、多良木、免田などで水田冠水45ha、煙草冠水5ha
1959	昭和34	7月15日、梅雨前線と台風5号により豪雨。人吉で床下浸水21戸、田畑冠水23ha、山田川の堤防一部決壊1カ所
1960	昭和35	3月、市房ダムが完成
1960	昭和35	3月、川辺川ダムの直轄調査始まる
1960	昭和35	7月、14日からの梅雨前線による大雨で、球磨川下りの川船が一勝地付近で浸水転覆。乗客9人が死亡、1人が大けが

発生年		概要
1963	昭和38	8月14日、八代市で山津波のため死者5人、行方不明2人、重軽傷6人
1963	昭和38	8月17日、川辺川流域で集中豪雨。川筋で未曾有の被害。死者行方不明46人、家屋損壊流失281戸、床上浸水1185戸、耕地流失及び埋没150ha、冠水1200ha、橋梁損害86カ所、堤防損害31カ所
1964	昭和39	8月、人吉を中心に大きな出水。死者行方不明9人、家屋損壊流失44戸、床上浸水753戸、橋梁損害30カ所
1965	昭和40	4月、新河川法が施行
1965	昭和40	6月、球磨川逢拝堰下流の堤防から氾濫
1965	昭和40	7月、梅雨後期の停滞前線で集中豪雨。人吉では市街地の3分の2が浸水し、1712（正徳2）年以来、青井神社の楼門の基礎石まで浸水。八代では萩原堤が損傷。被害状況は死者行方不明6人、家屋損壊流失1,281戸、床上浸水2,751戸
1965	昭和40	11月、新前川堰、球磨川堰に着工
1966	昭和41	4月、球磨川の一級水系指定に伴い、1965（昭和40）年7月の洪水を対象に水系一貫した工事実施計画を策定
1966	昭和41	9月、人吉地区特殊堤工事として、九日町特殊堤工事に着手
1967	昭和42	3月、新前川堰、球磨川堰竣工
1970	昭和45	金剛橋の架け替え工事に着手
1971	昭和46	台風19号の豪雨で、上流部の未改修箇所及び無堤箇所から浸水し、人吉、錦、相良、多良木の低地部で被害。山田川の内水被害を含め、氾濫箇所は16カ所、4㎢
1972	昭和47	梅雨前線の活動と、河床や川岸の洗掘で護岸や根固めなどが損傷。八代の流量は計画高水の9割に近かった
1973	昭和48	3月、金剛橋の架け替え工事が終了

発生年		概要
1973	昭和48	4月、球磨川中流域及び派川南川が直轄管理区域に編入された
1974	昭和49	7月、直轄河川改修計画を策定
1978	昭和53	2月、南川分流工事に着手
1978	昭和53	9月、九日町排水機場工事に着手
1979	昭和54	6月、梅雨前線の大雨で、中流域の坂本地区の31戸が深水。今泉でも家屋浸水
1979	昭和54	7月、停滞していた前線が低気圧の接近で活発となり、豪雨。無堤地区から溢水氾濫、内水氾濫で、中流域の17カ所が浸水被害、900戸が浸水
1980	昭和55	3月、九日町排水機場工事完成
1981	昭和56	南川分流工事完了
1982	昭和57	7月12日、集中豪雨で多良木、球磨、坂本村で多くの床上、床下浸水し、上流域では水田が冠水被害
1982	昭和57	7月25日、球磨川流域で日量300～400mmの集中豪雨。昭和47年7月以来の大出水となり、人吉、球磨村、坂本村で死者4人、家屋の全半壊47戸、床上・床下浸水5,157戸
1985	昭和60	7月、人吉地区の特殊堤工事完了（人吉市街地の堤防）
1988	昭和63	3月、球磨川水系工事実施基本計画の一部を改定
1992	平成4	清流球磨川・川辺川を未来に手渡す会が発足
1999	平成11	9月、台風18号による高潮で球磨川下流域で床上浸水3戸、床下浸水20戸
2002	平成14	坂本村議会が熊本県に荒瀬ダム撤去を求める請願を提出
2004	平成16	8月、台風16号で洪水。球磨川中流域で床上浸水13戸、床下浸水36戸
2005	平成17	9月、台風14号で洪水。人吉市で球磨川が計画高水位を超え、床上浸水46戸、床下浸水73戸

発生年		概要
2006	平成18	7月、豪雨。球磨川中流域で床上浸水41戸、床下浸水39戸
2008	平成20	6月、豪雨。球磨川中流域で床上浸水18戸、床下浸水15戸
2008	平成20	9月、蒲島郁夫熊本県知事が川辺川ダム計画の白紙撤回を表明
2009	平成21	9月、前原誠司国交大臣が川辺川ダム計画の中止を表明
2010	平成22	2月、蒲島郁夫熊本県知事が荒瀬ダム撤去を表明
2011	平成23	6月、豪雨。球磨川中流域で床上浸水4戸、床下浸水4戸
2012	平成24	7月、九州北部豪雨。人吉市と球磨村の各水位観測所で避難判断水位を超える
2012	平成24	9月、荒瀬ダム撤去工事始まる
2015	平成27	3月、国、県、流域市町村による「球磨川治水対策協議会」が発足
2018	平成30	3月、荒瀬ダム撤去が完了
2020	令和2	**7月、令和2年7月豪雨。球磨川流域で死者・行方不明67人、負傷者104人、家屋全壊1425戸、半壊2827戸**

※以下の文献などを参考に作成
　九州地方建設局「暴れ川」球磨川水害記録集、人吉教育委員会（参考資料：歴代嗣誠独集覧、南藤曼綿録、熊本県災異誌（熊本観候所）、球磨の災害年表「人吉文化」50・51合併号（上村重次）、水上村誌（尾方保之））、前田一洋作製（参考資料：「人吉市史」）、国交省八代河川国道事務所ホームページ
※太字は顕著な災害

著者略歴
田中信孝（たなか・のぶたか）
昭和22（1947）年、人吉市出身。元和歌山大学
防災研究所客員准教授、元熊本大学法学部非常
勤講師。平成19（2007）年4月に人吉市長に初
当選し、2期務めた。現在は人吉市駒井田町に
ある株式会社香花堂で代表取締役社長を務めて
いる。

行政はあなたの命を守れない
―人吉から訴える「事前避難」の重要性―

発　行　日　2023（令和5）年11月29日
著　　　者　田中信孝
　　　　　　〒868-0006　熊本県人吉市駒井田町1057
制作・発売　熊日出版（熊日サービス開発株式会社）
　　　　　　〒860-0827 熊本県熊本市中央区世安1－5－1
　　　　　　TEL096（361）3274　　FAX096（361）3249
　　　　　　https://www.kumanichi-sv.co.jp/books/
装　　　丁　ウチダデザインオフィス
印　　　刷　シモダ印刷株式会社
©Nobutaka Tanaka 2023 Printed in Japan
ISBN978-4-911007-00-6　C0036

表紙写真

表紙：令和2年豪雨災害時、人吉市曙橋から市街地を望む（令
和2年7月4日、黒田弘行撮影）

裏表紙：球磨川（右）と川辺川（左）の合流地点（市花保撮
影）